ÜLIMIS SEEMNE KOKAPAAMAT

100 retsepti, mis sisaldavad kõrvitsaseemneid, päevalilleseemneid ja palju muud

Sander Koppel

Autoriõigus materjal ©2024

Kõik õigused kaitstud

Ühtegi selle raamatu osa ei tohi mingil kujul ega vahenditega kasutada ega edastada ilma kirjastaja ja autoriõiguse omaniku nõuetekohase kirjaliku nõusolekuta, välja arvatud ülevaates kasutatud lühikesed tsitaadid. Seda raamatut ei tohiks pidada meditsiiniliste, juriidiliste või muude professionaalsete nõuannete asendajaks.

SISUKORD

SISUKORD **3**
SISSEJUHATUS **6**
KÕRVITSASEEMNED **7**
   1. AASIA PUMPKIN SEEMNED 8
   2. TULISED KÕRVITSASEEMNED 10
   3. ŠOKOLAAD GOJI BANAANI POPS 12
   4. SUVIKÕRVITS PESTOGA 14
   5. RÖSTITUD BAKLAŽAANISALAT 16
   6. SÜGISEKORISTUSTE VAHEPALADE SEGU 18
   7. HALLOWEENI SUUPISTETE SEGU 20
   8. POPCORN BERRY TRAIL MIX 22
   9. ASHWAGANDHA RADADE SEGU 24
   10. KANEELISUHKUR TOSTADA SUNDAES 26
   11. TOORES PARFEE SPIRULINA PIIMAGA 29
   12. JÕHVIKA-APELSINI LINAMUFFINID 31
   13. CHAI-VÜRTSIGA SUPER TURSKE GRANOLA 33
   14. KÕRVITSAPIRUKA JUUSTUKOOGIKAUSID 35
   15. HOMMIKUSÖÖGI MAGUSKARTUL HIBISKUSE TEEJOGURTIGA 38
   16. KOOKOSE-KINOA HOMMIKUSÖÖGIKAUSID 40
   17. KÕRVITS LAMINGTON 42
   18. MAASIKASPINATI SALAT MARGARITA KASTMEGA 45
PÄEVALILLESEEMNED **47**
   19. SUVEPIKNIKU SUUPISTETE SEGU 48
   20. BARBECUE MUNCH MIX 50
   21. KUIVATATUD PUUVILJADE JA PÄHKLITE SEGU 52
   22. PÄEVALILLESEEMNETE TÄISTERAST BAGELID 54
   23. PEET APELSINI GREMOLATAGA 56
   24. BROKKOLI MIKROROHELISE SALAT AVOKAADOGA 58
   25. ASHWAGANDHA KAŠUPÄHKLIBATOONID 60
   26. AMARETTO JUUSTUKOOGITORDID 63
SEESAMISEEMNED **65**
   27. PEKINGI MEREVETIKA SALAT 66
   28. ÕUNAVÕILEIB GOJI MARJADEGA 68
   29. MATCHA MOCHI MUFFINID 70
   30. SEESAM JA MAKADAAMIA LUMENAHA KUUKOOGID 72
MELONISEEMNED **75**
   31. PIRNI PÄHKLI SALAT 76
   32. TUME ŠOKOLAADIKOHVI KUUKOOGID 78
   33. BLUE LOTUS MOONCAKES 80
   34. VALGE KOHVI KUUKOOK 83
   35. KAHLUA LUMENAHA KUUKOOK 86
CHIA SEEMNED **89**

36. Spirulina küpsised 90
37. Butterfly Hernes Üleöö Kaer 92
38. Matcha ja liblikas hernesmuuti kauss 94
39. Büdini Hernes Glaisk d Donuts 96
40. Jõhvika ja Chia Seed Biscotti 98
41. Leedriõie Chia puding 100
42. Elderflower Smoothie Bowl 102
43. Leedriõie Chia moos 104
44. Hibiski energiahammustused 106
45. Mason Jar Chia pudingid 108
46. Matcha öökaer 110
47. Matcha avokaado smuuti 112
48. Pirni-pistaatsia parfee purgid 114

LINASEEMNED/LINASEEMNED 116
49. Ahjus küpsetatud vegan lihapallid 117
50. Kiudküpsise ümmargused 119
51. Lõunakarbi šokolaadiküpsised 121
52. Fonio & Moringa kreekerid 123
53. No Bake Energy Bites Nutellaga 125
54. Õunamustika kreeka pähkli krõbe 127
55. Berry and Chard Cleanser smuuti 129

KARDEMOMISEEMNED 131
56. India Masala Chai Affogato 132
57. Chai jäätis 134
58. Tee Kombu merevetikahelvestega 137
59. Apelsini-kardemoni võikoogid roosiglasuuriga 139

KANEPISEEMNED 142
60. Punase peedi lihapallid 143
61. Mustika Spirulina Üleöö Kaer 145
62. Virsiku smuutikauss 147
63. Šokolaadikoor Goji marjadega 149
64. Roheline tee ja ingver Smuuti 151

MOONISEEMNED 153
65. Sidruni- ja mooniseemne vahvlid 154
66. Carbquik Bialys 156
67. Carbquik sidrunimuffinid 159

SINEPISEEMNED 161
68. Burekas 162
69. Rabarberi chutney 165
70. Marineeritud redis 167
71. Sinep Microgreen Dal Curry 169
72. Prosecco sinep 171
73. Hirss, riis ja granaatõun 173
74. Jõhvika-viigimarja chutney 175

APTEEGITILLI SEEMNED 177

75. Tres Lechesi kook apteegitilliseemnetega 178
76. Aeglane röstitud lambaõla 182
77. Kummeli ja apteegitilli tee 184

KÖÖMNE SEEMNED 186
78. Talumaja sealiha potipirukas 187
79. Coconut Supergreens & Spirulina supp 189
80. saksa keel Bratwurst 191
81. Soolatud köömne- ja rukkikreekerid 193

NIGELLA SEEMNED/MUSTKÖÖMNE SEEMNED 195
82. Baklažaanitort kitsejuustuga 196
83. Kanaskoonid 199
84. Tikur Azmud vürtsisegu (mustköömne segu) 202
85. Roheline Matcha kanakarri laimiga 204

PAPAYA SEEMNE 207
86. Papaia seemne salsa 208
87. Papaiaseemne smuuti 210
88. Papaia seemnete kastmine 212

SEEMNED 214
89. Thandai Tres Leches 215
90. Marineeritud redis 218
91. Kõrvitsa karri vürtsikate seemnetega 220
92. Kapsa ja granaatõuna salat 222
93. Porgandi ja granaatõuna salat 224
94. Tee Masala Spice 226
95. Maitsestatud tšilli kikerherned 228
96. Jõhvika- ja pähklikreekerid 230
97. Godiva ja mandli šokolaadikoor 232
98. Squash Goji kausid 234
99. Supertoidu jogurtikauss 236
100. Kiivi papaia kausid 238

KOKKUVÕTE 240

SISSEJUHATUS

Tere tulemast "ÜLIMIS SEEMNE KOKAPAAMAT" -sse, kulinaarsesse seiklusse, mis tähistab seemnete mitmekesisust ja mitmekülgsust. Alates kõrvitsaseemnetest kuni päevalilleseemneteni ja mujalgi – seemned ei ole mitte ainult toitvad jõuallikad, vaid lisavad paljudele roogadele ka veetlevat maitset, tekstuuri ja krõmpsu. Selles kokaraamatus tutvustame teile 100 retsepti, mis tutvustavad seemnete uskumatut potentsiaali, pakkudes loomingulisi ja maitsvaid viise, kuidas neid toiduvalmistamisel kasutada.

Seemned on midagi enamat kui lihtsalt suupiste – need on avastamist ootav kulinaarne aare. Ükskõik, kas puistate neid salatitele krõmpsu lisamiseks, kasutate neid liha ja mereandide kattena või lisate neid küpsetistesse ja magustoitudesse, toovad seemned igasse retsepti ainulaadse ja rahuldava elemendi. Selles kollektsioonis näitame teile, kuidas kasutada seemnete headust, et luua toite, mis on nii toitvad kui ka maitsvad.

Kuid "ÜLIMIS SEEMNE KOKAPAAMAT" on midagi enamat kui lihtsalt retseptide kogum – see tähistab looduses leiduvate seemnete uskumatut mitmekesisust ja rohkust. Selle kokaraamatu lehti uurides avastate kõrvitsaseemnete, päevalilleseemnete, seesamiseemnete, chia seemnete ja muu tervisega seotud eeliseid ja kulinaarseid võimalusi. Olenemata sellest, kas olete terviseteadlik kokk või kulinaariahuviline, on selles kokaraamatus midagi, mis inspireerib ja ergutab teie maitsemeeli.

Nii et olenemata sellest, kas soovite oma toidukordadele toiteväärtuslikku tõuget lisada või lihtsalt uusi maitseid ja tekstuure uurida, laske "ÜLIMIS SEEMNE KOKAPAAMAT" olla oma teejuhiks. Alates soolasest kuni magusani, lihtsast kuni keerukani – selles kollektsioonis on seemneretsept igaks maitseks ja sündmuseks. Olge valmis asuma maitsvale teekonnale läbi imelise seemnemaailma.

kõrvitsaseemned

1.Aasia pumpkin seemned

KOOSTISOSAD:
- 2 tassi tooreid, kooritud kõrvitsaseemneid
- 2 spl sojakastet
- 1 tl pulbristatud ingverit
- 2 tl Splenda

JUHISED:
a) Kuumuta ahi temperatuurini 350 °F.
b) Segage segamisnõus kõrvitsaseemned, sojakaste, ingver ja Splenda, segades hästi.
c) Laota kõrvitsaseemned madalale röstimispannile ja rösti umbes 45 minutit või kuni seemned on kuivad, segades röstimise ajal kaks või kolm korda.
d) Igaüks sisaldab 13 grammi süsivesikuid ja 3 grammi kiudaineid, kokku 10 grammi kasutatavaid süsivesikuid ja 17 grammi valku.

2.Tulised kõrvitsaseemned

KOOSTISOSAD:
- 1 tl magusat paprikat
- ½ tl jahvatatud köömneid
- 1/4 tassi oliiviõli
- 1 tl Tabasco kastet
- 2 tassi kooritud kõrvitsaseemneid
- soola

JUHISED:

a) Kuumuta ahi 400 °F-ni. Sega väikeses kausis paprika ja köömned. Klopi sisse õli ja Tabasco. Lisa kõrvitsaseemned ja viska katteks.

b) Laota seemned küpsetusplaadile ja küpseta, kuni need lõhnavad, umbes 5 minutit. Eemaldage ahjust, puistake maitse järgi soola ja jahutage enne serveerimist täielikult.

c) Neid on kõige parem süüa valmistamise päeval, kuid pärast jahutamist võib need katta ja hoida toatemperatuuril 2–3 päeva.

3.Šokolaad Goji banaani pops

KOOSTISOSAD:
- 4 keskmise suurusega banaani kooritakse ja lõigatakse risti pooleks
- Popsikli pulgad
- 1 ½ tassi tumeda šokolaadi laaste/nööpe
- ¼ tl kookosõli

TÄIDISED
- Röstitud müsli ja kõrvitsaseemned
- Goji marjad ja kuubikuteks lõigatud kuivatatud aprikoosid
- Külmkuivatatud granaatõunaarilid ja kookoslaastud
- Hakitud pistaatsiapähklid ja tükeldatud mandlid
- Tükeldatud mandlid ja riivitud kookospähkel
- Kinoa pahvid

JUHISED:
a) Pange šokolaaditükid/nööbid koos kookosõliga mikrolaineahjus kasutatavasse kaussi ja kuumutage keskmise võimsusega vähemalt 15-sekundiliste intervallidega – segage iga kord, kuni need on sulanud.
b) Kasutage laia suuga kruusi, et sulatatud šokolaad kataks vähemalt ¾ banaani pikkusest, kui see on šokolaadi sisse kastetud.
c) Laota iga kate tasasele alusele ja veereta šokolaadiga kaetud banaani valitud kattes. Pange eraldi väikesele alusele vahapaberiga.
d) Korrake protsessi teiste lisanditega, seejärel asetage need sügavkülma vähemalt 30 minutiks või kuni kate on tahenenud. Serveeri külmalt.

4.Suvikõrvits Pestoga

KOOSTISOSAD:
KÕRVITSA PESTO:
- ½ tassi kõrvitsaseemneid
- ⅜ tassi oliiviõli
- 1 spl sidrunimahla
- 1 näputäis soola
- 1 hunnik basiilikut

TOPPING:
- 7 musta oliivi
- 5 kirsstomatit

JUHISED:
a) Puista kõrvitsaseemned köögikombainis peeneks jahuks. Lisage oliiviõli, sidrun ja sool ning segage, kuni see on hästi segunenud. Peatage aeg-ajalt, et külgi maha kraapida. Lisa basiilikulehed.
b) Maitsesta veel oliiviõli, soola ja sidruniga. Hoidke pestot suletud purgis. Külmkapis säilib umbes nädal.
c) Koori roheline suvikõrvits väljast kartulikoorijaga. Jätkake koorimist südamikuni.
d) Sega suvikõrvits ja pesto omavahel ning tõsta peale oliivid ja kirsstomatid.

5.Röstitud baklažaanisalat

KOOSTISOSAD:
- 175 g kõrvitsat
- 1 väike baklažaan, kuubikuteks
- 1 punane sibul, viilutatud
- 1 punane paprika, viilutatud
- Peotäis beebilehtspinatit
- 1 spl kõrvitsaseemneid
- 1 teelusikatäis mett
- 1 tl palsamiäädikat

JUHISED:
a) Kuumuta puuahi . Seadke sees oleval kivist küpsetusplaadil temperatuur 952 °F (500 °C).
b) Lisage oma malmpannile oliiviõli.
c) Kui õli on kuum, eemaldage pann tulelt ja lisage baklažaan, sibul, punane pipar ja kõrvits.
d) Pange pann tagasi ahju 3-5 minutiks või kuni köögiviljad on pehmed ja kergelt pruunistunud.
e) Tõsta pann tulelt ning piserda peale palsamiäädikat ja mett.
f) Puista peale kõrvitsaseemneid ja serveeri beebilehtspinatiroaga .

6.Sügisekoristuste vahepalade segu

KOOSTISOSAD:
- 6 tassi popkorni
- 1 tass kuivatatud jõhvikaid
- 1 tass röstitud kõrvitsaseemneid
- 1 tass kommimaisi
- ½ tassi meega röstitud maapähkleid

JUHISED:
a) Segage suures kausis kõik koostisosad hästi kokku.
b) Serveeri kohe või säilita õhukindlas anumas.

7. Halloweeni suupistete segu

KOOSTISOSAD:
- 6 tassi popkorni
- 1 tass kommimaisi
- 1 tass šokolaadiga kaetud kringlit
- 1 tass mini Reese's Pieces
- ½ tassi kõrvitsaseemneid

JUHISED:
a) Segage suures kausis kõik koostisosad hästi kokku.
b) Serveeri kohe või säilita õhukindlas anumas.

8. Popcorn Berry Trail Mix

KOOSTISOSAD:
- 1 tass popkorni
- ¼ tassi röstitud maapähkleid
- ¼ tassi röstitud mandleid
- ¼ tassi kõrvitsaseemneid
- ¼ tassi kuivatatud mustikaid, ilma lisatud suhkruta
- 2 supilusikatäit tumeda šokolaadi laaste (valikuline)
- näputäis kaneeli (valikuline)
- näputäis soola

JUHISED:
a) Sega kõik koostisosad kokku, lisa soovi korral kaneeli ja soola.
b) Hoida õhukindlas anumas.
c) Püsib sahvris kuni 2 nädalat.

9. Ashwagandha radade segu

KOOSTISOSAD:
- 1 spl kookosõli
- 1 tl köömne pulbrit
- 1 tl kardemoni pulbrit
- 1 tass kuldseid rosinaid
- 1 tass kõrvitsaseemneid
- 1 supilusikatäis seesamiseemneid
- 1 tl ashwagandha pulbrit

JUHISED:
a) Kuumuta väikesel pannil keskmisel-kõrgel kuumusel kookosõli. Pärast õli vedeldamist lisa köömned ja kardemon. Kuumuta õli ja vürtse 1 minut või kuni need muutuvad aromaatseks. Lisa pannile rosinad, kõrvitsaseemned ja seesamiseemned ning sega ühtlaselt õli ja ürtidega kattumiseks.

b) Segage aeg-ajalt 3–5 minutit või kuni seemned hakkavad pruunistuma, seejärel eemaldage tulelt ja segage ashwagandhaga.

c) Tõsta küpsetuspaberile ja määri ühtlaselt jahtuma. Täiendava maandava efekti saavutamiseks sööge veel soojalt.

10.Kaneelisuhkur Tostada sundaes

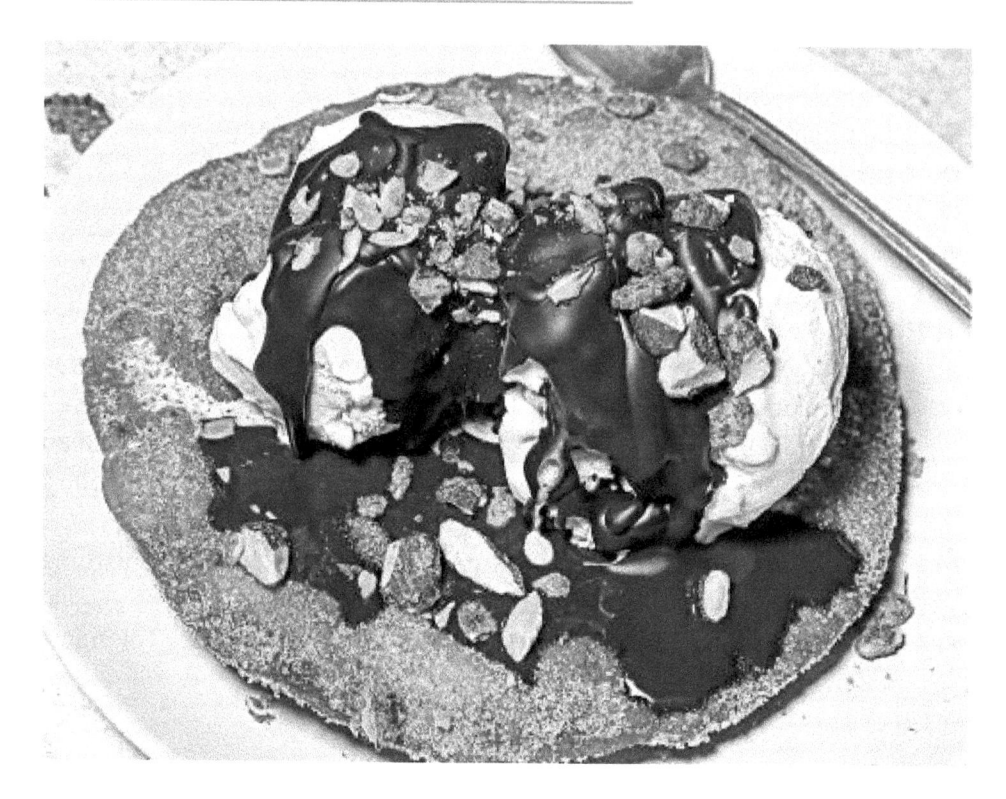

KOOSTISOSAD:
Vürtsika PÄHKLIKÕRGE KATTEKS:
- ½ tassi granuleeritud suhkrut
- ½ tl koššersoola
- 1 tl tšillipulbrit
- ½ tl Cayenne'i pipart
- ½ tl kaneeli
- 1 munavalge
- 1 tass toores mandleid
- 1 tass toores pepitas (kõrvitsaseemned)

TOSTADADE KOHTA:
- 5 supilusikatäit granuleeritud suhkrut
- 2 tl kaneeli
- Taimeõli praadimiseks
- 4 jahu- või maisitortillat (kasutasime Mi Ranchot)

PÜHAPÄEVADE KOHTA:
- Vanillijäätis
- Dulce de leche või šokolaadifudge
- Vahukoor
- Maraschino kirsid

JUHISED:
Vürtsika pähklipuru jaoks:
a) Kuumuta ahi 300 kraadini F.
b) Sega väikeses kausis suhkur, sool, tšillipulber, Cayenne'i pipar ja kaneel.
c) Vahusta keskmises kausis munavalge, kuni see muutub vahuks, seejärel viska õrnalt mandlid ja pepitasid, et need katta.
d) Puista vürtsisegu pähklitele ja viska ühtlaseks katteks.
e) Tõsta kaetud pähklid küpsetuspaberiga kaetud ahjuplaadile, laotades need üheks kihiks.
f) Küpseta pähkleid, kuni need on pruunistunud, viska need poole peal, mis peaks võtma umbes 40–50 minutit.
g) Laske pähklitel täielikult jahtuda, seejärel tükeldage neist ⅓ tassi ja asetage kõrvale. Teil on ekstra vürtsikad pähklid, mida saate hoida õhukindlas anumas hilisemaks suupisteks.

TOSTADADE KOHTA:
h) Kombineerige granuleeritud suhkur ja kaneel laias madalas kausis.

i) Lisage paksu põhjaga pannile (nagu malm) piisavalt taimeõli, et see täidaks ühe kolmandiku külgedest.
j) Kuumuta õli keskmisel kuumusel, kuni see hakkab läikima ja mullitama.
k) Asetage ettevaatlikult üks tortilla haaval kuuma õli sisse ja prae mõlemalt poolt 50–70 sekundit või kuni need on mõlemalt poolt kuldpruunid ja krõbedad.
l) Viige iga tostada kaneelisuhkru segusse ja katke need täielikult. Aseta kaneelisuhkruga kaetud tostadad serveerimistaldrikule ja korda ülejäänud tortilladega.

PÜHAPÄEVADE KOOSTAMISEKS:
m) Kata kaneelisuhkruga kaetud tostadat vanillijäätisega.
n) Nirista peale dulce de leche või šokolaadifudge.
o) Lõpetamiseks lisage peotäis hakitud vürtsikat pähklikrõmpsu ja muid soovitud lisandeid.

11.Toores parfee Spirulina piimaga

KOOSTISOSAD:
KUIV
- ½ tassi kaera
- 1 spl õun, kuivatatud
- 1 spl mandleid, aktiveeritud
- 1 supilusikatäis magusaid kakaotükke
- 1 supilusikatäis aprikoose, kuivatatud, peeneks hakitud
- ½ tl vaniljepulbrit
- 1 spl maca pulbrit

VEDELIK
- 1 tass india pähkli piima
- 1 spl spirulina pulbrit
- 2 supilusikatäit kõrvitsaseemneid, jahvatatud

JUHISED:
a) Lisage ja asetage kaer, õunad, mandlid ja aprikoosid müürsepurki ning lisage kakaotükid.
b) Seejärel asetage india pähkli piim, spirulina ja kõrvitsaseemned blenderisse ning pulseerige üks minut kõrgel temperatuuril.
c) Vala valmis piim kuivainetele ja naudi.

12.Jõhvika-apelsini linamuffinid

KOOSTISOSAD:
- 2 tassi Carbquik
- 2 lusikatäit Chocolate Designer Protein (valikuline)
- 1 tass linajahu
- 1 tass kuumakindlat magusainet (nt ⅔ tassi Splendat, ⅓ tassi ksülitooli, 1 pakk Stevia Plusi)
- 1 pakk apelsini suhkruvaba Jello
- 2 tl küpsetuspulbrit
- ½ tassi võid või rasvainet
- 1 tass piima
- 1 tass suhkruvaba vanilje siirupit
- 2 tl vaniljeekstrakti
- 4 muna
- 1 tass kõrvitsaseemneid
- ½ pakki jõhvikaid

JUHISED:
a) Kuumuta ahi temperatuurini 350 kraadi Fahrenheiti (175 kraadi Celsiuse järgi).
b) Piserdage 24 muffinivormi võimaitselise mittenakkuva küpsetusspreiga.
c) Segage segamisnõus Carbquik, Chocolate Designer Protein (kui kasutate), linajahu, kuumuskindel magusaine (Splenda, ksülitool, Stevia Plus), apelsini suhkruvaba Jello ja küpsetuspulber. Sega neid.
d) Lisage või või või ja segage, kuni segu on kergelt niisutatud.
e) Sega juurde piim, suhkruvaba siirup, vaniljeekstrakt ja munad. Segage, kuni see on hästi segunenud.
f) Sega õrnalt sisse kõrvitsaseemned ja jõhvikad.
g) Tõsta tainas lusikaga ettevalmistatud muffinivormidesse, jagades selle 24 tassi vahel.
h) Küpseta eelsoojendatud ahjus 25-30 minutit või kuni muffinid on täielikult küpsenud ja keskele torgatud hambaork jääb puhtaks.
i) Kui see on valmis, võta muffinid ahjust välja ja lase neil mõni minut muffinivormides jahtuda.
j) Tõsta muffinid restile täielikult jahtuma.
k) Nautige omatehtud Carbquik jõhvika-apelsini linamuffineid!

13. Chai-vürtsiga super turske granola

KOOSTISOSAD:
- ¼ tassi mandlivõid (või teie valitud pähkli-/seemnevõid)
- ¼ tassi vahtrasiirupit
- 2 tl vaniljeekstrakti
- 5 tl jahvatatud kaneeli
- 2-3 tl jahvatatud ingverit
- 1 tl jahvatatud kardemoni
- 1 ½ tassi valtsitud kaera (vajadusel tagage gluteenivaba)
- ½ tassi kreeka pähkleid või pekanipähklit, jämedalt hakitud
- ¾ tassi magustamata kookoshelbeid
- ¼ tassi tooreid kõrvitsaseemneid (pepitas)

JUHISED:
a) Kuumuta ahi temperatuurini 325 kraadi F (160 °C) ja vooderda standardsuuruses küpsetusplaat pärgamentpaberiga.
b) Sega keskmises segamiskausis mandlivõi, vahtrasiirup, vaniljeekstrakt, jahvatatud kaneel, jahvatatud ingver ja jahvatatud kardemon. Vahusta, kuni segu on ühtlane.
c) Lisa mandlivõiseguga kaussi valtsitud kaer, hakitud kreeka pähklid või pekanipähklid, magustamata kookoshelbed ja toored kõrvitsaseemned. Segage hoolikalt, et kõik kuivad koostisosad oleksid ühtlaselt kaetud.
d) Tõsta granola segu ettevalmistatud ahjuplaadile, laotades ühtlaseks kihiks. Kui valmistate suurema partii, kasutage vajadusel täiendavaid küpsetusplaate.
e) Küpseta eelkuumutatud ahjus 20-25 minutit. Põlemise vältimiseks olge lõpuni valvas. Granola on valmis, kui see muutub lõhnavaks ja muutub tumedamaks.
f) Märkus. Kui eelistate eriti rammusat granolat, vältige selle küpsetamise ajal viskamist. Purunema tekstuuri saamiseks segage või viskage granolat poolel teel, et tükid laguneksid.
g) Kui granola on nähtavalt pruunistunud ja lõhnav, eemaldage see ahjust. Viska granola õrnalt, et liigne kuumus välja pääseks. Laske sellel küpsetusplaadil või kuumakindlas kausis täielikult jahtuda.
h) Säilitage oma chai-vürtsiga ülipaksu granolat suletud anumas toatemperatuuril kuni 1 kuu või sügavkülmas kuni 3 kuud.
i) Nautige granolat eraldi, koos piima, jogurtiga või puistatuna kaerahelbepudrule mõnusaks hommikusöögiks või suupisteks!

14. Kõrvitsapiruka juustukoogikausid

KOOSTISOSAD:
- 4 untsi toorjuustu, pehmendatud
- 1 tass tavalist kreeka jogurtit, lisaks veel katteks
- 1 tass kõrvitsapüreed
- ¼ tassi vahtrasiirupit
- 1 tl vaniljeekstrakti
- 2 tl jahvatatud kaneeli
- 1 tl jahvatatud ingverit
- ½ tl jahvatatud muskaatpähklit
- Peen meresool
- 1 tass granola
- Röstitud kõrvitsaseemned
- Tükeldatud pekanipähklid
- Granaatõuna arilid
- Kakao nibid

JUHISED:

a) Lisa köögikombaini või blenderi kaussi toorjuust, jogurt, kõrvitsapüree, vahtrasiirup, vanill, maitseained ja näpuotsaga soola ning töötle ühtlaseks ja kreemjaks. Tõsta kaussi, kata ja jahuta külmkapis vähemalt 4 tundi.

b) Serveerimiseks jaga granola magustoidukausside vahel. Vala peale kõrvitsasegu, näputäis kreeka jogurtit, kõrvitsaseemneid, pekanipähklit, granaatõunaarilli ja kakaotükke.

c) Lisage farro, 1¼ tassi (295 ml) vett ja näpuotsatäis soola keskmisesse kastrulisse. Kuumuta keemiseni, seejärel alanda kuumust, kata kaanega ja hauta, kuni farro on kergelt närides pehme, umbes 30 minutit.

d) Segage suhkur, ülejäänud 3 supilusikatäit (45 ml) vett, vaniljekaun ja seemned ning ingver väikeses kastrulis keskmisel-kõrgel kuumusel. Kuumuta keemiseni, vahusta, kuni suhkur lahustub. Tõsta tulelt ja hauta 20 minutit. Vahepeal valmistage puuviljad.

e) Lõika greipfruudi otsad ära. Asetage tasasele tööpinnale, lõikepool all. Kasutage terava noaga, et lõigata ära koor ja valge südamik, järgides vilja kõverat ülalt alla. Lõika membraanide vahelt, et eemaldada viljasegmendid. Veriapelsini koorimiseks ja segmenteerimiseks korrake sama protsessi.

f) Eemaldage ja visake siirupist välja ingver ja vaniljekaun. Serveerimiseks jaga farro kausside vahel.

g) Laota puuviljad kausi ülaosa ümber, puista peale granaatõunaarilli ja nirista seejärel ingveri-vaniljesiirupiga.

15.Hommikusöögi maguskartul Hibiskuse teejogurtiga

KOOSTISOSAD:
- 2 lillat maguskartulit

GRANOLA KOHTA:
- 2 ½ tassi kaera
- 2 tl kuivatatud kurkumit
- 1 tl kaneeli
- 1 supilusikatäis tsitrusviljade koort
- ¼ tassi mett
- ¼ tassi päevalilleõli
- ½ tassi kõrvitsaseemneid
- näputäis soola

JOGURTI JAOKS:
- 1 tass tavalist kreeka jogurtit
- 1 tl vahtrasiirup
- 1 hibiski teepakk
- söödavad lilled, kaunistuseks

JUHISED:
a) Kuumuta ahi 425 kraadini ja torka kartulid kahvliga üle.
b) Mähi kartulid fooliumisse ja küpseta 45 minutit kuni tund.
c) Eemaldage ahjust ja laske jahtuda.

GRANOLA KOHTA:
d) Alanda ahju kuumust 250 kraadini ja vooderda ahjuplaat küpsetuspaberiga.
e) Kombineerige kõik granola koostisosad segamisnõus ja segage, kuni kõik on kaetud mee ja õliga.
f) Tõsta vooderdatud ahjuplaadile ja aja võimalikult ühtlaselt laiali.
g) Küpseta 45 minutit, segades iga 15 minuti järel või kuni granola on pruunistunud.
h) Eemaldage ahjust ja laske jahtuda.

JOGURTI JAOKS:
i) Valmistage teekoti juhiste järgi hibiskiteed ja asetage see kõrvale jahtuma.
j) Kui see on toatemperatuuril, vahustage vahtrasiirup ja tee jogurti hulka, kuni saavutate ühtlase ja kreemja tekstuuri, millel on kergelt roosakas toon.

KOOSTAMA:
k) Lõika kartulid pooleks ja lisa kaunistuseks granola, maitsestatud jogurt ja söödavad lilled.

16. Kookose-kinoa hommikusöögikausid

KOOSTISOSAD:
- 1 spl kookosõli
- 1½ tassi punast või musta kinoat, loputatud
- 14 untsi purk magustamata heledat kookospiima ja veel serveerimiseks
- 4 tassi vett
- Peen meresool
- supilusikatäit mett, agaavi- või vahtrasiirupit
- 2 tl vaniljeekstrakti
- Kookose jogurt
- Mustikad
- Goji marjad
- Röstitud kõrvitsaseemned
- Röstitud magustamata kookoshelbed

JUHISED:

a) Kuumuta potis õli keskmisel kuumusel. Lisa kinoa ja rösti umbes 2 minutit, sega sageli. Segage aeglaselt kookospiima purk, vesi ja näputäis soola. Kinoa hakkab alguses mullitama ja purskuma, kuid settib kiiresti.

b) Kuumuta keemiseni, seejärel kata kaanega, alanda kuumust ja hauta kuni pehme kreemja konsistentsini, umbes 20 minutit. Eemaldage tulelt ja segage mesi, agaav, vahtrasiirup ja vanill.

c) Serveerimiseks jaga kinoa kausside vahel. Kõige peale lisa kookospiim, kookosjogurt, mustikad, goji marjad, kõrvitsaseemned ja kookoshelbed.

17. Kõrvits Lamington

KOOSTISOSAD:
KÕRVITSAKÄSN:
- 2 tassi universaalset jahu
- 2 tl küpsetuspulbrit
- 1 tl jahvatatud kaneeli
- ½ tl jahvatatud ingverit
- ½ tl jahvatatud muskaatpähklit
- ¼ tl jahvatatud piment
- ¼ tl jahvatatud kardemoni
- 1½ tassi granuleeritud suhkrut
- 1½ tassi konserveeritud kõrvitsapüreed
- ½ tassi neutraalse maitsega taimeõli (rapsi või päevalill)
- 4 munakollast (toasooja)
- 4 munavalget (toasooja)

TÄITMINE:
- 1 tass toorjuustu (toatemperatuur)
- 2 spl vahukoort
- 2 spl tuhksuhkrut

KATE:
- ⅔ tassi konserveeritud kõrvitsapüreed
- ¼ tassi vahukoort
- ½ tl jahvatatud muskaatpähklit
- ½ tl jahvatatud kaneeli
- 1 tl peent soola
- 1½ tassi hakitud valget kattešokolaadi
- 1½ tassi jahvatatud kõrvitsaseemneid
- ¾ tassi magustamata hakitud kookospähklit

JUHISED:
KÕRVITSAKÄSN:
a) Kuumuta ahi temperatuurini 325 ° F ja asetage rest keskele. Vooderda 9" x 13" koogivorm küpsetuspaberiga põhja ja külgedelt.
b) Sõelu kokku jahu, küpsetuspulber ja maitseained keskmisesse kaussi.
c) Vahusta teises segamiskausis suhkur, kõrvitsapüree, õli ja munakollased. Voldi sõelutud jahusegu spaatliga, kuni see on lihtsalt segunenud. Vältige ülesegamist.
d) Vahusta statiivmikseri puhtas kausis või käeshoitava elektrilise mikseri abil suurel kiirusel munavalged, kuni moodustuvad pehmed piigid, umbes 4-5 minutit.

e) Sega üks kolmandik vahustatud munavalgetest ettevaatlikult märja jahusegu hulka, kuni see on hästi segunenud. Seejärel sega kergelt sisse ülejäänud besee.
f) Vala tainas ettevalmistatud vormi ja küpseta 30-40 minutit, panni poole küpsetamise ajal pöörates. Kook on valmis, kui keskele torgatud koogi tester tuleb puhtana välja. Enne täitmist lase jahtuda.

TÄITMINE:
g) Sega kõik täidise koostisosad käsitsi keskmises kausis, kuni see on hästi segunenud.

KATE:
h) Sega väikeses kastrulis kõrvitsapüree, koor, vürtsid ja sool. Küpseta keskmisel kuumusel pidevalt segades, kuni keeb.
i) Aseta valge šokolaad kuumakindlasse kaussi. Vala kuum kõrvitsasegu šokolaadile. Laske 1-2 minutit seista, seejärel segage, kuni ganache on ühtlane.
j) Sega eraldi kausis jahvatatud kõrvitsaseemned ja riivitud kookospähkel.

KOOSTAMINE:
k) Lõika jahtunud kook horisontaalselt pooleks. Määri toorjuustutäidis ühtlaselt ühele poolele ja aseta peale teine pool võileiva vormimiseks. Pane kook tahkumaks umbes 20 minutiks sügavkülma.
l) Kui kook on kõva, lõigake vajadusel servad ära ja lõigake kook 1,5-tollisteks ruutudeks.
m) Pintselda igale koogiruudule soe ganache, seejärel määri need kõrvitsaseemne- ja kookoseseguga.
n) Hoia kokkupandud kooke külmkapis kuni 2 päeva või sügavkülmas kuni nädal. Nautige oma Pumpkin Lamingtonsit!

18.Maasikaspinati salat Margarita kastmega

KOOSTISOSAD:
RIIDEMISEKS:
- 3 supilusikatäit laimimahla
- 1- ½ supilusikatäit agaavinektarit
- ½-1 supilusikatäis tequilat
- ¼ tassi ekstra neitsioliiviõli
- Näputäis meresoola

SALATI JAOKS:
- 4-6 kuhjaga beebispinatit
- 1 tass kuubikuteks lõigatud maasikaid
- 1 tass kuubikuteks lõigatud mangot
- 1 avokaado, kuubikuteks lõigatud
- ¼ punast sibulat, viilutatud
- 3-4 supilusikatäit röstitud kõrvitsaseemneid

JUHISED:
RIIDEMISEKS:
a) Lisage kastmepurki kastme ained. Sulgege kaas tihedalt ja raputage korralikult. Maitse ja kohanda maitseaineid oma maitse järgi. Vajadusel lisa veel laimimahla või agaavi.

SALATI JAOKS:
b) Asetage beebispinat kaussi või serveerimisvaagnale. Pange spinat peale kuubikuteks lõigatud maasikad, mangod, avokaado, punane sibul ja kõrvitsaseemned.
c) Serveeri kohe koos kastmega.

PÄEVALILLESEEMNED

19. Suvepikniku suupistete segu

KOOSTISOSAD:
- 6 tassi popkorni
- 1 tass kuivatatud kirsse
- 1 tass valge šokolaadiga kaetud kringlit
- 1 tass päevalilleseemneid
- ½ tassi grahami kreekeritükke

JUHISED:
a) Segage suures kausis kõik koostisosad hästi kokku.
b) Serveeri kohe või säilita õhukindlas anumas.

20. Barbecue Munch Mix

KOOSTISOSAD:
- ½ tassi maisiterad
- 1 tass Cheerios
- 1 tass lusikasuurust hakitud nisu
- 1 tass Corn Chexi või maisikliid
- 1 tass kringlit
- ½ tassi kuivatatud grillitud maapähkleid
- ½ tassi päevalilleseemneid
- 1 spl võid või margariini
- 1 tl jahvatatud tšillit
- 1 tl paprikat
- 1 tl jahvatatud pune
- 1 tass seesamipulki
- 1 spl Worcestershire'i kastet
- 1 tl Tabasco kastet

JUHISED:
a) Kuumuta grill 350 kraadini.
b) Segage suures segamiskausis teraviljad, kringlid, mandlid ja seemned.
c) Segage väikeses tassis või, Worcestershire, tšillipulber, pune, paprika ja Tabasco.
d) Sega kaste hoolikalt teraviljasegu hulka.
e) Laota küpsetuspannile laiali ja küpseta 15 minutit, segades kaks korda. Lase jahtuda.
f) Kombineeri maiseradade ja seesamipulkadega ning serveeri.

21.Kuivatatud puuviljade ja pähklite segu

KOOSTISOSAD:
- ½ tassi magustamata kookoshelbeid
- ½ tassi soolamata röstitud india pähkleid
- ½ tassi viilutatud blanšeeritud mandleid
- ½ tassi vegan poolmagusaid šokolaaditükke
- ½ tassi magustatud kuivatatud jõhvikaid
- 1/3 tassi tükeldatud kuivatatud ananassi
- 1/4 tassi soolamata röstitud päevalilleseemneid

JUHISED:
a) Röstige kookospähklit väikesel pannil keskmisel kuumusel segades 2–3 minutit, kuni see on kergelt pruunistunud. Tõsta kõrvale jahtuma.
b) Sega suures kausis kokku india pähklid, mandlid, šokolaaditükid, jõhvikad, ananass ja päevalilleseemned. Sega juurde röstitud kookospähkel.
c) Enne serveerimist jahuta täielikult. See on parim, kui seda serveeritakse valmistamise samal päeval.

22.Päevalilleseemnete täisterast bagelid

KOOSTISOSAD:
- 3 tassi täistera nisujahu
- 1 spl aktiivset kuivpärmi
- 2 supilusikatäit mett
- 1 tl soola
- 1 ¼ tassi sooja vett
- ½ tassi päevalilleseemneid

JUHISED:
a) Segage suures segamiskausis jahu, pärm, mesi, sool ja päevalilleseemned.
b) Lisa kuivainetele aeglaselt soe vesi ja sega kuni moodustub tainas.
c) Sõtku tainast 10 minutit, kuni see muutub ühtlaseks ja elastseks.
d) Jaga tainas 8 võrdseks osaks ja vormi igast tükist pall.
e) Kata taignapallid niiske lapiga ja lase 10 minutit seista.
f) Kuumuta ahi temperatuurini 425 °F (218 °C).
g) Aja pott vesi keema ja alanda kuumust keemiseni.
h) Tehke sõrmega iga taignapalli keskele auk ja venitage tainas bageli kujuliseks.
i) Keeda bageleid mõlemalt poolt 1-2 minutit.
j) Aseta bagelid küpsetuspaberiga kaetud ahjuplaadile ja küpseta 20-25 minutit või kuni need on kuldpruunid.

23.Peet apelsini Gremolataga

KOOSTISOSAD:
- 3 kuldset peeti , lõigatud
- 2 spl laimimahla
- 1 tl apelsini koort
- 2 supilusikatäit päevalilleseemneid
- 1 spl hakitud peterselli
- 3 spl kitsejuustu
- 1 spl hakkliha s vanus
- 2 spl apelsinimahla
- 1 küüslauguküüs, hakitud

JUHISED:
a)	Kuumuta õhufritüür 400 kraadini . Voldi kokku vastupidav foolium peedi ümber ja asetage need õhufritüüri korvi alusele.
b)	Küpseta pehmeks, 50 minutit . P angerjas, poolita ja viiluta peet ; aseta kaussi.
c)	Lisa laimimahl, apelsinimahl ja sool .
d)	Puista peale petersell, salvei, küüslauk ja apelsinikoor ning puista peale kitsejuustu ja päevalilletuumad.

24.Brokkoli mikrorohelise salat avokaadoga

KOOSTISOSAD:
- 1 tass brokkoli mikrorohelist
- 1 supilusikatäis soolatud päevalilleseemneid
- ¼ avokaadot, viilutatud tükkideks
- 2 supilusikatäit omatehtud vinegretti
- 2 supilusikatäit sidrunihummust
- ½ tassi kimkraut

JUHISED:
a) Viska suurele vaagnale mikrorohelised kimkapsa, avokaadoviilude ja päevalilleseemnetega.
b) Viska peale hummus ja kaste ning maitsesta siis värskelt jahvatatud pipraga.

25. Ashwagandha kašupähklibatoonid

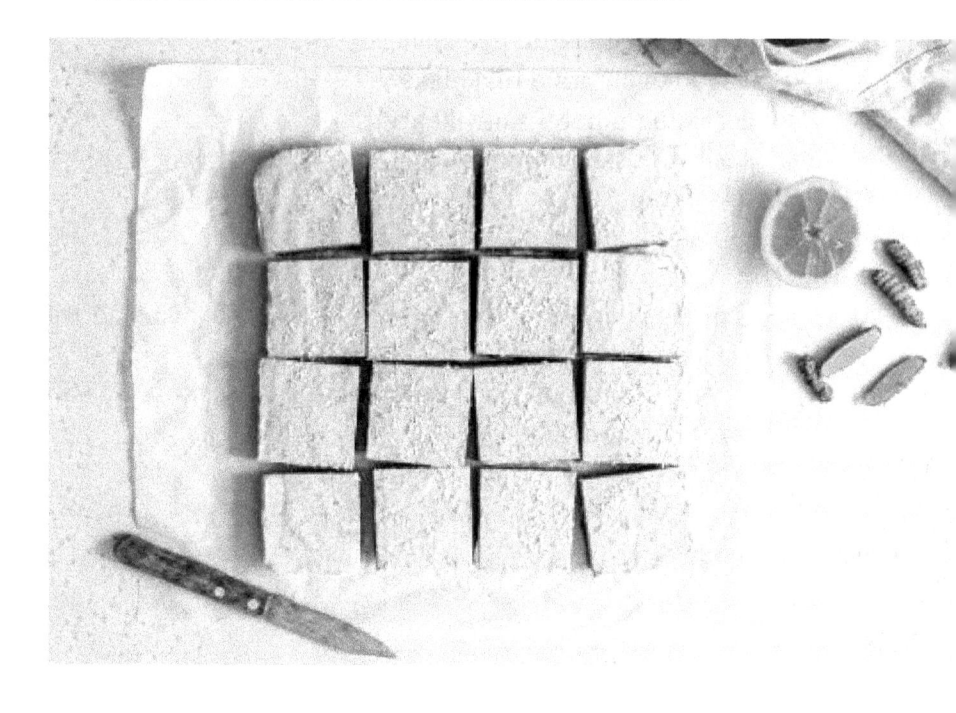

KOOSTISOSAD:
KOORIK
- ¾ tassi hakitud kookospähklit
- 1 ¾ tassi aktiveeritud päevalilleseemneid, leotatud
- ⅓ tassi kivideta Medjooli datleid
- 1 tl Tseiloni kaneeli
- ½ tl meresoola
- 2 spl külmpressitud kookosõli

TÄITMINE
- 2 tassi tooreid india pähkleid, leotatud üleöö
- 1 tass hakitud kookospähklit
- 1 tass kookospähkli keefirit
- ⅓ tassi vahtrasiirupit, maitse järgi
- ¼ tl vaniljekauna
- 2 spl värsket sidrunimahla
- 1 tl sidrunikoort
- 2 supilusikatäit Ashwagandha pulbrit
- ½ tl meresoola
- ½ tl kurkumipulbrit
- ¼ tl musta pipart
- ¼ tassi kookosõli

JUHISED:
KOORIK
a) Sulata kastrulis kogu kookosõli.
b) Sega köögikombainis hakitud kookospähkel, päevalilleseemned, Medjooli datlid, kaneel ja meresool. Pulleeri segu, kuni moodustub peen mure.
c) Nirista aeglaselt peale 2 spl soojendatud kookosõli. Pulseerige koostisained uuesti.
d) Vala kooresegu vooderdatud brownie-pannile ning suru tugevalt ja ühtlaselt alla, et tekiks koorik.
e) Asetage see sügavkülma.

TÄITMINE
f) Sega köögikombainis india pähklid, riivitud kookospähkel, keefir, vahtrasiirup, vaniljekaun, sidrunimahl, sidrunikoor, Ashwagandha

pulber, meresool, kurkum ja must pipar, kuni moodustub peen mure.
g) Sega aeglaselt juurde sulatatud kookosõli/või.
h) Kraabi kuldne piimatäidis spaatliga kooriku peale ja määri ühtlaselt laiali.
i) Aseta vorm ööseks külmkappi tahenema.
j) Kui olete serveerimiseks valmis, võtke roog külmkapist/sügavkülmast välja.
k) Asetage plokk suurele lõikelauale ja sulatage vajadusel 10–15 minutit.
l) Lõika see ühtlaselt 16 ruuduks.
m) Serveeri kohe koos kookoshelvestega!

26.Amaretto juustukoogitordid

KOOSTISOSAD:
- ⅓ tassi päevalilleseemneid, peeneks jahvatatud
- 8 untsi toorjuustu
- 1 muna
- ⅓ tassi magustamata hakitud kookospähklit
- 2 supilusikatäit mett
- 2 spl Amaretto likööri

JUHISED:
a) Vooderda kahe muffinivormi tassid papervooderdusega.
b) Kombineeri päevalilleseemned ja kookospähkel.
c) Asetage 1 tl seda segu igasse vooderdisesse.
d) Vajutage lusika seljaga alla, et põhjad kataks.
e) Kuumuta ahi temperatuurini 325 F.
f) Täidise valmistamiseks lõika toorjuust 8 plokiks ning sega köögikombainis, blenderis või kausis muna, mee ja Amarettoga ühtlaseks ja kreemjaks.
g) Aseta igasse tartletitopsi supilusikatäis täidist ja küpseta 15 minutit

SEESAMISEEMNED

27.Pekingi merevetika salat

KOOSTISOSAD:
- 200 grammi merevetikaid, leotatud 24 tundi
- ¼ Kurk poolitada, seemnetest puhastada ja viiludeks lõigata
- 8 punast redist, viilutatud
- 75 grammi õhukesteks viiludeks lõigatud redist
- 1 väike kabatšokk, õhukesteks viiludeks
- 50 grammi herne võrseid
- 20 grammi roosat ingverit
- Salatite valik
- Mustad seesamiseemned
- 3 spl laimimahla
- 1 spl piparmünt, värskelt hakitud
- 2 spl koriandrit, hakitud
- 1 Näputäis kuivatatud tšillihelbeid
- 2 spl Hele sojakaste
- 2 supilusikatäit Suhkur
- 6 spl Taimeõli
- 1 väike ingveri juur, riivitud

JUHISED:
a) Blenderda kõik kastme koostisained ja jäta 20 minutiks seisma, seejärel kurna ja tõsta ühele poole.
b) Aseta leotatud merevetikad koos ülejäänud koostisosadega kaussi.
c) Vala üle kurnatud kastmega ja lase tund aega marineerida. Lisa salatile salatilehed, maitsesta ja serveeri.

28.Õunavõileib Goji marjadega

KOOSTISOSAD:
TAHINI:
- ½ tassi seesamiseemneid
- 1-2 supilusikatäit õli omal valikul
- 1 supilusikatäis kuivatatud kookospähklit
- 1 spl kookosõli

TOPPING:
- 2 spl goji marju

JUHISED:
a) Pehmenda kookosõli.
b) Segage seesamiseemneid segistis, kuni need on peeneks jahvatatud, lisage 1–2 supilusikatäit õli ja segage uuesti, kuni saate ühtlase pasta.
c) Sega seesamipasta kookoshelveste ja kookosõliga.
d) Lõika õunad viiludeks ja määri need tahiniga. Peale goji marju.

29.Matcha Mochi muffinid

KOOSTISOSAD:
- 1 pulk (½ tassi) soolamata võid
- 1 ½ tassi täisrasvast kookospiima (purgist)
- 1 purk (1 ¼ tassi) magustatud kondenspiima
- 3 muna (toasooja)
- 2 spl matcha rohelise tee pulbrit
- 1 nael mochiko (kleepjas riisijahu või magus riisijahu)
- 1 spl küpsetuspulbrit
- ½ tassi piima (toatemperatuur)
- Näputäis soola
- 2 spl musti seesamiseemneid

JUHISED:
a) Sulata või ja sega mikseri kausis kookospiima ja kondenspiimaga.
b) Lisa keskmisel kiirusel vahustades üks muna korraga.
c) Lisa küpsetuspulber, mochiko jahu ja matcha. Jätkake segamist.
d) Lisa piim ja sega, kuni tainas on ühtlane, meenutab pannkoogitainast – ei ole liiga vedel ega liiga paks.
e) Lase taignal 20 minutit puhata.
f) Kuumuta ahi temperatuurini 350 °F (180 °C). Määri muffinivorm korralikult võiga ja jahuga (või kasuta eraldi ahjukindlaid ramekine) ja täida taignaga. Vältige muffinipabertopside kasutamist, et välimine krõbe koorik tekiks; need võivad muffinite külge kinni jääda.
g) Puista taignale seesamiseemned.
h) Küpseta 45 minutit kuni 1 tund, kuni see on kuldne.
i) Nautige Matcha Mochi muffineid soojalt või laske neil enne serveerimist jahtuda!

30.Seesam ja makadaamia Lumenaha kuukoogid

KOOSTISOSAD:
LUMENAHA:
- 40 g (⅓ tassi) kleepuvat riisijahu
- 40 g (⅓ tassi) riisijahu
- 20 g (1 ½ supilusikatäit) maisitärklist
- 50 g (½ tassi) tuhksuhkrut
- 130 g (½ tassi + 2 supilusikatäit) piima
- 20 g (1 spl) magustatud kondenspiima
- 30g (2 supilusikatäit) soolata võid, sulatatud
- Näputäis soola
- Looduslikud toiduvärvid lumenahale: Sinine spirulina pulber, Värske peedimahl, Matcha pulber

KEEDETUD GLUTIINNE RIISIJAHU:
- 40 g (⅓ tassi) kleepuvat riisijahu

TÄITMINE:
- 160 g (1⅓ tassi) röstitud valgeid seesamiseemneid
- 25 g (2 supilusikatäit) valget granuleeritud suhkrut
- 15 g (1 supilusikatäis) soolamata võid
- 40 g (2 supilusikatäit) mett
- Näputäis soola
- 20 g (2 supilusikatäit) keedetud kleepuvat riisijahu
- 80 g (½ tassi) hakitud röstitud makadaamiapähkleid

JUHISED:
LUMENAHA:
a) Täida aurupott veega ja kuumuta kõrgel kuumusel keema.
b) Sega kausis kleepuv riisijahu, riisijahu, maisitärklis, tuhksuhkur, sool, piim, sulatatud soolata või ja magustatud kondenspiim ühtlaseks massiks.
c) Kurna tainas läbi sõela ja tõsta aurukindlasse kaussi.
d) Auruta lumenahatainast ettevalmistatud potis keskmisel kuumusel 20 minutit. Tõsta kõrvale jahtuma.

KEEDETUD GLUTIINNE RIISIJAHU:
e) Keeda kleepuvat riisijahu keskmisel kuumusel kergelt kollaseks. Tõsta kõrvale jahtuma.

TÄITMINE:

f) Blenderda röstitud valgeid seesamiseemneid, kuni moodustub vedel pasta.
g) Lisa ülejäänud täidise koostisosad (v.a makadaamiapähklid) ja blenderda kuni segunemiseni.
h) Tõsta täidis kaussi, murra sisse hakitud makadaamiapähklid ja jaota 25g pallideks. Jahuta külmikus vähemalt 3 tundi.
i) Sõtku jahtunud lumenahk kiletükile ühtlaseks ja ühtlaseks.
j) Portsjoni ja värvi lumenahk toiduvärviga. Mässi see tihedalt kinni ja jahuta vähemalt 3 tundi külmikus.

KOOSTAMINE:
k) Tugev lumenahk marmoritakse kokku 25 g portsjoniteks, et moodustada pall. Puista üle keedetud kleepuva riisijahuga.
l) Mähi täidis lamedasse lumenahatükki, sulge täielikult ja vormi, kasutades minimaalselt keedetud kleepuvat riisijahu.
m) Puista pressimata kuukook kergelt keedetud kleepuva riisijahuga, vormi peopesadega ja vajuta tugevalt kuukoogi vormitemplile. Valmistoote paljastamiseks vabastage.
n) Enne tarvitamist jahuta paar tundi. Nautige!

MELONISEEMNED

31.Pirni pähkli salat

KOOSTISOSAD:
SALATI JAOKS:
- 3 tassi salatirohelist (rukola, salat jne)
- 2 pirni, viilutatud
- 1 väike punane sibul, viilutatud
- 1 tass Kreeka pähklit, jämedalt hakitud
- ½ tassi meloniseemneid

SALATIKASTE:
- 1 supilusikatäis täistera sinepit
- 3 supilusikatäit oliiviõli
- 2 supilusikatäit äädikat
- 2 supilusikatäit mett
- ½ tl Cayenne'i pipart
- Soola maitse järgi

JUHISED:
VALMISTA SALATIKASTE:
a) Sega segistis täisterasinep, oliiviõli, äädikas, mesi, Cayenne'i pipar ja sool.
b) Blenderda umbes minut, kuni kaste emulgeerub ja muutub kreemjaks.

KOKKU SALAT:
c) Viska suures kausis kokku salatirohelised (nt rukola või salat), viilutatud pirnid, viilutatud punane sibul, hakitud kreeka pähklid ja meloniseemned.
d) Lisa salati koostisosadele 3-4 supilusikatäit valmistatud salatikastet.
e) Sega hästi, kuni kõik on kastmega ühtlaselt kaetud.
f) Serveeri pirnipähklisalatit kohe, kui see on värske ja krõbe.

32.Tume šokolaadikohvi kuukoogid

KOOSTISOSAD:

- 113 g universaalset jahu
- 18 g tumedat kakaopulbrit
- 85 g kuldset siirupit
- 25 g maisiõli
- ½ tl aluselist vett

TÄITMINE:

- Kohvi lootose pasta
- Röstitud meloniseemned (igaüks 12 x 25 g)

JUHISED:
VALMISTA TAIGAS:
a) Sega kõik koostisosad taignaks.
b) Laske tainal 30 minutit puhata ja jagage see 12 osaks.

KOOSTAMINE:
c) Tasandage iga osa tainast.
d) Mähi iga portsjon ümber kohvilootosepasta ja röstitud meloniseemnete (igaüks 25 g) täidise.
e) Suru täidetud tainas kuukoogivormidesse ja vormi lahti vooderdatud ahjupannile.

KÜPSETAMINE:
f) Küpseta eelkuumutatud ahjus 160°C juures 10 minutit.
g) Eemaldage ahjust ja jahutage 10 minutit.
h) Pange uuesti ahju ja küpsetage veel 10-15 minutit.
i) Pärast küpsetamist laske kuukookidel enne serveerimist täielikult jahtuda.

33.Blue Lotus Mooncakes

KOOSTISOSAD:
LOTUS MOONCAKE:
- 100 g kleepuvat riisijahu
- 100 g tuhksuhkrut
- 2 supilusikatäit lühendamist
- 150 ml sinise lootose või pandaani vedelikku
- Lisajahu rullimiseks ja kuukoogivormi jaoks

LOOTOSESEEMNE PASTA:
- 600g lootoseseemneid koorega, pestud
- 1 spl aluselist vett
- 390 g suhkrut
- 300 g maapähkliõli
- 50 g maltoosat
- 60 g meloniseemneid, röstitud kuldpruuniks
- Vesi (piisavalt, et katta lootoseseemned potti)
- 60 g meloniseemneid

JUHISED:
LOOTOSESEEMNEPASTA KOHTA:
a) Aja vesi keema, lisa leeliseline vesi ja lootoseseemned. Keeda 10 min. Keev vesi ära visata.
b) Eemaldage lootoseseemnetelt nahk, hõõrudes neid jooksva vee all. Eemaldage otsad ja varred.
c) Lisa nii palju vett, et lootoseseemned oleksid kaetud ja keeda pehmeks. Püreesta lootoseseemned partiidena.
d) Glasuurige wokpann madalal kuumusel maapähkliõliga ja lisage ¼ tassi suhkrut. Prae segades, kuni suhkur lahustub ja muutub kuldseks.
e) Lisa lootoseseemnepüree ja ülejäänud suhkur. Sega peaaegu kuivaks. Lisa järk-järgult õli, sega, kuni pasta pakseneb.
f) Lisa maltoos ja sega, kuni pasta lahkub vokipanni külgedelt. Jahuta, seejärel lisa röstitud meloniseemned.

KUUKOOKIDE JAOKS:
g) Valage riisijahu suurde metallnõusse, tehke süvend ning lisage tuhksuhkur ja riisijahu. Hõõruge kuni segunemiseni.

h) Lisa sinise lootose vedelik (või pandaan). Segage õrnalt, kuni see on ühendatud; ära pinguta üle.
i) Võtke lootoseseemnepasta pall, lükake keskele auk ja sisestage kiiresti soolamuna. Kata lootoseseemnepastaga.
j) Rulli kuukoogi tainas palgiks ja lõika võrdseteks tükkideks. Rulli iga tükk lahti.
k) Asetage lootoseseemnepasta pall keskele ja pöörake lootosepastat ühes suunas ja tainast teises suunas, kuni see on kaetud.
l) Kuukoogivorm ja kuukoogipall jahu kergelt jahu, seejärel suruge vormi.
m) Koputage vormi õrnalt kõvale pinnale, kuni kuukook välja tuleb.

34. Valge kohvi kuukook

KOOSTISOSAD:
NAHALE:
- 200 g madala valgusisaldusega jahu
- 25 g (1 pakk) Super 3-in-1 valge kohvisegu
- 160 g kuldset siirupit (70 g kuldset siirupit + 90 g maisisiirupit)
- 42 g rapsiõli
- 4 ml aluselist vett

TÄIDISE/KLEISTA JUURDE:
- 1 kg Mung Bean Lotus pasta (poest ostetud)
- 3 supilusikatäit meloniseemneid
- Soolatud munakollased (valikuline)
- Munapesu (katmiseks)

JUHISED:
VALMISTA TAIGAS:
a) Kombineeri kõik koostisosad (A) ja sega ühtlaseks tainaks.
b) Kata toidukilega ja hoia 2 päeva külmkapis.

ETTEVALMISTA TÄIDIS / KLASE:
c) Sega meloniseemned lootosepastaga (B) ühtlaseks massiks.
d) Jaga täidis 75-80g portsjoniteks ja vormi neist ümmargused pallid. Kõrvale panema.
e) Kui kasutate soolatud munakollast, asetage üks iga lootosepasta portsjoni keskele.

KOOSTAMINE:
f) Puista töölaud jahuga üle.
g) Jaga jahutatud tainas 35 g portsjoniteks ja vormi neist ümmargused pallid.
h) Tasandage iga taignapall ja asetage keskele osa täidist.
i) Mähi tainas täidise peale ja vormi sellest ümmargune pall.
j) Puista 6cmx6cmx3,5cmH neljakandiline kuukoogivorm jahuga üle ja määri mähitud tainas jahuga.
k) Suru pall tugevalt vormi ja löö/pressi õrnalt mittenakkuva küpsetusmati või küpsetuspaberiga kaetud alusele.

KÜPSETAMINE:
l) Enne küpsetamist piserdage kuukookidele kergelt vett.
m) Küpseta eelkuumutatud ahjus 175°C juures 10 minutit.

n) Eemaldage küpsetusplaat ahjust ja laske kuukookidel 10-15 minutit jahtuda.
o) Kandke iga kuukoogi ülaosale munapesu.
p) Tõsta kuukoogid tagasi ahju ja küpseta veel 13-15 minutit, kuni need on kuldpruunid.
q) Hoia kuukooke õhukindlas anumas vähemalt 2 päeva, et enne serveerimist saaksid need pehmeneda.

35.Kahlua lumenaha kuukook

KOOSTISOSAD:
LUMENAHA TAIgna jaoks:
- 65 g keedetud kleepuvat jahu
- 17,5 g nisutärklist (Sega superpeene jahuga ja auruta 3 minutit. Lase jahtuda ja sõeluda)
- 17,5 g ülipeent jahu
- 60 g tuhksuhkrut
- 25g lühendamine
- 65 g kuuma vett (lahusta kohvigraanulid)
- 1,5 tl kohvigraanuleid (Lase jahtuda)
- 2 tl Kahlua likööri

TÄITMINE:
- 250 g lootosepastat (poest ostetud)
- 50g vormi jaoks on tainas 25g
- 10g veidi röstitud meloniseemneid ja täidist samuti 25g

JUHISED:
LUMENAHA TAIgna jaoks:
a) Segage keedetud liimjas jahu, nisutärklis ja ülipeen jahu.
b) Aurutage segu 3 minutit.
c) Laske jahtuda ja sõeluge ühtlase tekstuuri tagamiseks.
d) Lahustage kohvigraanulid kuumas vees ja laske neil jahtuda.

TEE tainas:
e) Sega kausis aurutatud segu, tuhksuhkur, röstitud, jahutatud kohvisegu ja Kahlua liköör.
f) Sega hästi, kuni moodustub pehme ja painduv tainas.
g) Jaga tainas 25g portsjoniteks.

TÄIDISEKS:
h) Võtke 250 g poest ostetud lootosepastat.
i) Jaga lootosepasta 25 g portsjoniteks 50 g vormi jaoks.

KOKKA KUUKOOKID:
j) Tasandage osa tainast.
k) Asetage osa lootosepastat (25 g) keskele.
l) Lisa lootosepasta peale 10g veidi röstitud meloniseemneid.
m) Kata täidis lumenaha taignaga, tagades, et see on korralikult suletud.
n) Rulli kokkupandud tainas palliks.
o) Korrake protsessi ülejäänud taigna ja täidise jaoks.
p) Asetage kokkupandud kuukoogid külmkappi vähemalt 2 tunniks või kuni lumenahk hangub.
q) Pärast jahutamist on Kahlua Snow Skin Mooncakes serveerimiseks valmis.

CHIA seemned

36.Spirulina küpsised

KOOSTISOSAD:
- 1 supilusikatäis Chia seemneid
- 100 g Vegan võid
- 50 g valget suhkrut
- 50 g pruuni suhkrut
- 1 tl vaniljeekstrakti
- 100 g gluteenivaba jahu
- 10 g maisijahu
- ½ teelusikatäit söögisoodat
- 1,5 supilusikatäit Spirulina pulbrit
- ¼ teelusikatäit soola
- 50 g valget šokolaadi või makadaamiapähkleid

JUHISED:
a) Kuumuta ahi temperatuurini 200 °C / 350 °F / 160 °C ventilaator.
b) Valmistage chia muna, lisades oma chia seemnetele kaks ja pool supilusikatäit kuuma vett, segage hästi ja pange kõrvale.
c) Sulata oma või kastrulis või mikrolaineahjus. Lisa suhkur ja vahusta ühtlaseks.
d) Lisage võile ja suhkrule chia muna ja vanill ning segage hästi.
e) Sõeluge suurde segamisnõusse jahu, maisitärklis, söögisooda, spirulina ja sool ning segage, kuni see on segunenud.
f) Vala juurde märg segu ja sega korralikult läbi.
g) Voldi oma šokolaaditükid sisse.
h) Vormi 8 pallikest ja aseta need küpsetuspaberiga kaetud ahjuplaadile. Jäta iga palli vahele umbes 4 cm.
i) Küpseta 10–12 minutit, kuni servad hakkavad krõbedama.

37.Butterfly Hernes Üleöö Kaer

KOOSTISOSAD:
ÖÖKAER
- ¼ tassi kaera
- 1 tass piimavalikut
- 1 supilusikatäis Chia seemneid
- 1 valitud valgupulber
- 3 supilusikatäit Butterfly Herne vedelikku

LIBLIKA HERNE LILLE TEE
- 1 supilusikatäis kuivatatud liblikas herneõisi
- 6 tassi kuuma vett

JUHISED:
a) Esmalt valmistage liblikas herneteed.
b) Lihtsalt otsige suur kann, lisage sellele kuivatatud liblikas herneõied ja lisage kuum vesi.
c) Laske teel enne kasutamist vähemalt tund tõmmata. Soovi korral lisage sellele julgelt magusainet.
d) Haara müüripurk.
e) Lisage purki kõik koostisosad, välja arvatud liblikas hernetee, ja segage hästi.
f) Laske sellel minut või paar settida ja niristage tee lihtsalt purki. See settib põhja, pakkudes kihilist efekti.
g) Pane purk üleöö külmkappi.
h) Lisa soovitud lisandid ja naudi!

38.Matcha ja liblikas hernesmuuti kauss

KOOSTISOSAD:
- 1 tass spinatit
- 1 külmutatud banaan
- ½ tassi ananassi
- ½ tl kvaliteetset matcha pulbrit
- ½ tl vaniljeekstrakti
- ⅓ tassi magustamata mandlipiima

TOPPING
- Mint
- Kiivi
- Mustikad
- Chia seemned
- Kuivatatud Butterfly herne lilled

JUHISED:
a) Aseta kõik smuuti koostisosad blenderisse.
b) Pulse ühtlaseks ja kreemjaks.
c) Vala smuuti kaussi.
d) Puista üle lisanditega ja söö kohe.

39. Büdini Hernes Glaisk d Donuts

KOOSTISOSAD:
SÕÕRIK :
- 1 püreestatud banaan
- 1 tass magustamata õunakastet
- 1 muna või 1 spl chia seemneid segatuna veega
- 50 g sulatatud kookosõli
- 4 spl mett või agaavinektarisiirupit
- 1 supilusikatäis vanilli
- 1 tl kaneeli
- 150 g tatrajahu
- 1 tl küpsetuspulbrit

LIBLIKAS HERNEGLAAZE:
- 1/2 tassi india pähkleid, leotatud 4 tundi
- 1 tass mandlipiima
- 40 liblikas herne teeõit
- 1 spl agaavinektarisiirupit
- 1 spl vaniljeessentsi

JUHISED:
SÕÕRIKUTE VALMISTAMISEKS:
a) Sega kõik kuivained.
b) Sega kõik märjad koostisosad.
c) Lisa märjad kuivale ja tõsta seejärel sõõrikuvormidesse.
d) Küpseta 160 kraadi juures 15 minutit.

GLASUURI VALMISTAMISEKS:
e) Blenderda india pähklid köögikombainis ühtlaseks massiks.
f) Kuumuta potis mandlipiim ja lisa tee. Hauta madalal kuumusel 10 minutit.
g) Lisage segatud india pähklitele sinise mandli piim, lisage agaavinektar ja vaniljeessents ning segage uuesti, kuni see on segunenud.
h) Hoia külmkapis, kuni sõõrikud on küpsenud ja jahtunud.
i) Kaunista sõõrikud glasuuri ja lisalilledega!
j) Need sõõrikud on vegan- ning gluteeni- ja rafineeritud suhkruvabad – seega pole vaja end tagasi hoida: sööge need kõik ära!

40.Jõhvika ja Chia Seed Biscotti

KOOSTISOSAD:
- 2 tassi universaalset jahu
- 1 tl küpsetuspulbrit
- ½ tl soola
- ½ tassi soolamata võid, pehmendatud
- 1 tass granuleeritud suhkrut
- 2 suurt muna
- 1 spl vaniljeekstrakti
- ¼ tassi chia seemneid
- ¼ tassi kuivatatud jõhvikaid
- ¼ tassi hakitud mandleid

JUHISED:
a) Kuumuta ahi temperatuurini 350 °F (175 °C). Vooderda suur ahjuplaat küpsetuspaberiga.
b) Vahusta keskmises kausis jahu, küpsetuspulber ja sool, kuni see on hästi segunenud.
c) Vahusta või ja suhkur eraldi suures segamiskausis elektrimikseriga kuni heledaks ja kohevaks, umbes 2–3 minutiks.
d) Klopi ükshaaval sisse munad, seejärel vaniljeekstrakt.
e) Sega vähehaaval kuivained, kasutades spaatlit, kuni tainas kokku tuleb.
f) Voldi sisse chia seemned, kuivatatud jõhvikad ja hakitud mandlid, kuni need jaotuvad ühtlaselt kogu tainas.
g) Jagage tainas kaheks võrdseks osaks ja vormige mõlemad umbes 12 tolli pikkuseks ja 2 tolli laiuseks palgiks.
h) Asetage palgid ettevalmistatud küpsetusplaadile ja küpsetage 25-30 minutit või kuni need on puudutamisel kõvad.
i) Eemaldage palgid ahjust ja laske neil ahjuplaadil 5-10 minutit jahtuda.
j) Lõika palgid sakilise noaga ½ tolli paksusteks viiludeks ja asetage need tagasi küpsetusplaadile, lõikepool all.
k) Pange biscottid tagasi ahju ja küpsetage veel 10-15 minutit või kuni need on krõbedad ja kuivad.
l) Enne serveerimist lase biscottidel restil täielikult jahtuda.

41.Leedriõie Chia puding

KOOSTISOSAD:
- ¼ tassi chia seemneid
- 1 tass piima (piima- või taimne)
- 2 spl leedriõie siirupit või leedriõie tee kontsentraati
- 1 spl mett või teie valitud magusainet
- Värsked puuviljad, pähklid või granola katteks

JUHISED:
a) Sega purgis või anumas chia seemned, piim, leedriõie siirup või teekontsentraat ja mesi.
b) Segage hästi, et segada ja tagada chia seemnete ühtlane jaotumine.
c) Kata purk ja pane vähemalt 2 tunniks või üleöö külmkappi, kuni segu pakseneb ja muutub pudingitaoliseks.
d) Segage segu üks või kaks korda jahutusaja jooksul, et vältida klompimist.
e) Serveeri Elderfloweri chia pudingit jahutatult ja värskete puuviljade, pähklite või granolaga, et lisada tekstuuri ja maitset.

42. Elderflower Smoothie Bowl

KOOSTISOSAD:
- 1 külmutatud banaan
- ½ tassi külmutatud marju (nagu maasikad, vaarikad või mustikad)
- ¼ tassi leedriõie teed (tugevalt keedetud ja jahutatud)
- ¼ tassi Kreeka jogurtit või taimset jogurtit
- 1 supilusikatäis chia seemneid
- Lisandid: viilutatud puuviljad, granola, kookoshelbed, pähklid jne.

JUHISED:
a) Sega segistis külmutatud banaan, külmutatud marjad, leedriõie tee, kreeka jogurt ja chia seemned.
b) Blenderda ühtlaseks ja kreemjaks. Vajadusel lisage soovitud konsistentsi saavutamiseks tilk Elderfloweri teed või vett.
c) Vala smuuti kaussi.
d) Lisage viilutatud puuviljad, granola, kookoshelbed, pähklid või mis tahes muud lisandid, mida eelistate.
e) Nautige värskendavat ja särtsakat Elderfloweri smuutikaussi toitva hommikusöögina.

43. Leedriõie Chia moos

KOOSTISOSAD:
- 2 tassi värskeid või külmutatud marju (nt maasikad, vaarikad või mustikad)
- ¼ tassi leedriõie siirupit
- 2 spl chia seemneid
- 1 supilusikatäis mett või teie valitud magusainet (valikuline)

JUHISED:
a) Sega potis marjad ja leedriõie siirup või teekontsentraat.
b) Lase segul tasasel tulel tasasel tulel keeda, aeg-ajalt segades ja lusika või kahvliga marju püreestades.
c) Küpseta marju umbes 5-10 minutit või kuni need on lagunenud ja mahla eraldunud.
d) Sega juurde chia seemned ja mesi või magusaine (kui kasutad) ning jätka sageli segades veel 5 minutit, kuni moos pakseneb.
e) Tõsta kastrul tulelt ja lase moosil paar minutit jahtuda.
f) Tõsta leedriõie chia moos purki või anumasse ja jahuta, kuni see saavutab määritava konsistentsi.
g) Määri leedriõie chia moosi röstsaiale või bagelitele või kasuta seda pannkookide või kaerahelbekattena, et anda oma hommikusöögile puuviljane ja lilleline vimka.

44.Hibiski energiahammustused

KOOSTISOSAD:

- 1 tass datleid, kivideta
- ½ tassi mandleid
- ¼ tassi hibiski tee kontsentraati
- 2 spl chia seemneid
- 2 supilusikatäit hakitud kookospähklit
- Valikuline: katmiseks kakaopulber või purustatud pähklid

JUHISED:

a) Blenderda köögikombainis datlid ja mandlid, kuni moodustub kleepuv segu.

b) Lisa köögikombaini hibiskitee kontsentraat, chia seemned ja hakitud kookospähkel. Blenderda uuesti, kuni see on hästi segunenud.

c) Võtke segust väikesed portsjonid ja rullige need hammustusesuurusteks pallideks.

d) Valikuline: veereta energiahambaid katmiseks kakaopulbris või purustatud pähklites.

e) Asetage energiahammustused õhukindlasse anumasse ja jahutage vähemalt 30 minutit, et need tahkuksid.

45. Mason Jar Chia pudingid

KOOSTISOSAD:
- 1 ¼ tassi 2% piima
- 1 tass 2% tavalist kreeka jogurtit
- ½ tassi chia seemneid
- 2 supilusikatäit mett
- 2 spl suhkrut
- 1 spl apelsini koort
- 2 tl vaniljeekstrakti
- ¾ tassi segmenteeritud apelsine
- ¾ tassi segmenteeritud mandariine
- ½ tassi segmenteeritud greipi

JUHISED:
a) Vahusta suures kausis piim, kreeka jogurt, chia seemned, mesi, suhkur, apelsinikoor, vanill ja sool, kuni need on hästi segunenud.
b) Jagage segu ühtlaselt nelja (16 untsi) müüripurki. Hoia külmkapis üleöö või kuni 5 päeva.
c) Serveeri külmalt, apelsinide, mandariinide ja greibiga.

46. Matcha öökaer

KOOSTISOSAD:
- ½ tassi vanaaegset kaera
- ½ tassi piima või valikuliselt piima alternatiivi
- ¼ tassi kreeka jogurtit
- 1 tl matcha pulbrit
- 2 tl chia seemneid
- 1 tl mett
- näputäis vaniljeekstrakti

JUHISED:
a) Mõõda kõik koostisosad purki või kaussi ja sega korralikult läbi.
b) Tõsta külmkappi ja naudi järgmisel hommikul!

47.Matcha avokaado smuuti

KOOSTISOSAD:
- ½ avokaadot, kooritud ja kuubikuteks lõigatud
- ⅓ kurk
- 2 tassi spinatit
- 1 tass kookospiima
- 1 tass mandlipiima
- 1 tl matcha pulbrit
- ½ laimi mahl
- ½ lusikatäit vanilje valgupulbrit
- ½ tl chia seemneid

JUHISED:
a) Blenderis blenderis avokaado viljaliha kurgi ja ülejäänud koostisosadega ühtlaseks massiks.
b) Serveeri.

48.Pirni-pistaatsia parfee purgid

KOOSTISOSAD:
PIRNI-CHIA PUDDING:
- ¼ tassi pirnipüreed
- ⅓ tassi magustamata vanilje- või tavalist mandlipiima
- 3 spl chia seemneid
- Pirni avokaado puding:
- 1 küps avokaado
- 1-2 tl mett või kookospähkli nektarit, olenevalt eelistatud magususest
- 2 spl pirnipüreed

ÜLEJÄÄNUD KIHID JA GARNISEERID:
- ½ tassi oma lemmikgranolat
- ½ tassi tavalist kookosjogurtit või vaniljekreeka jogurtit
- ¼ tassi hakitud värsket pirni
- 2 spl hakitud pistaatsiapähklit
- 2 tl mett või kookospähkli nektarit

JUHISED:
a) Alustage Pear Chia pudingu valmistamisega, lisades kõik koostisosad kaussi, segades, kuni need on hästi segunenud, seejärel laske 15–20 minutit külmikus seista, et see pakseneks.
b) Järgmisena valmistage avokaadopirnipuding, lisades kõik koostisosad väikesesse köögikombaini või beebikuuli ja pulseerides, kuni segu on ühtlane. Katsetage maitset ja lisage rohkem mett/kookospähkli nektarit, kui eelistate, et avokaadopuding oleks magusam.
c) Kui chia puding on paksenenud, segage seda veel ja oletegi valmis kõiki koostisosi kihiti panema.
d) Kasutades kahte 8-untsist purki, jagage granola, jogurt, chia puding ja avokaadopuding, kihiti need kahe purgi vahel soovitud viisil.
e) Lõpetage iga purk 2 spl hakitud värske pirni ja 1 spl hakitud pistaatsiapähklitega ning seejärel nirista igasse purki 1 tl mett või kookospähkli nektarit.

LINASEEMNED/LINASEEMNED

49.Ahjus küpsetatud vegan lihapallid

KOOSTISOSAD:
- 1 spl jahvatatud linaseemneid
- ¼ tassi + 3 spl köögiviljapuljongit
- 1 suur sibul, kooritud ja neljaks lõigatud
- 2 küüslauguküünt, kooritud
- 1½ taimelihast lihapallid
- 1 tass leivapuru
- ½ tassi vegan parmesani juustu
- 2 spl värsket peterselli, peeneks hakitud
- Sool ja pipar, maitse järgi
- Toiduõli pihusti

JUHISED:
a) Lisa sibul ja küüslauk köögikombaini ning kuumuta püreeks.
b) Lisage suurde segamisnõusse linamuna, ¼ tassi köögiviljapuljongit, püreestatud sibulat ja küüslauku, Impossible lihapallid, taimeliha, leivapuru, vegan parmesani juust, petersell ning näputäis soola ja pipart.
c) Kombineerimiseks sega hästi läbi.
d) Vegan lihapallisegust 32 palliks.
e) Asetage veganlihapallid vooderdatud ahjuplaadile ja küpsetage ahjus umbes 10 minutit või kuni need on kuldpruunid.

50.Kiudküpsise ümmargused

KOOSTISOSAD:
- 2 spl linaseemneid
- 2 spl nisuidud
- ⅔ tassi Carbquik
- ¼ tassi kõrge gluteenisisaldusega nisujahu
- 2 spl võid, toasoe
- Umbes 1 tass vett

JUHISED:

a) Jahvatage linaseemned ja nisuidud kohviveski või muu sarnase seadmega jahuseks konsistentsiks.

b) Segage segamiskausis kahvli abil Carbquik ja kõrge gluteenisisaldusega nisujahu. Lisage jahvatatud linaseemned ja nisuidujahu ning segage hästi.

c) Lõika toasoe või kuivainete hulka, sega, kuni see meenutab jämedat puru.

d) Lisage segule järk-järgult ¾ kuuma kraanivett, segades taignaks. Vajadusel jätkake veidi vee lisamist, kuni tainas saavutab heleda biskviittaigna konsistentsi.

e) Jagage tainas määritud kätega 10 ühesuuruseks, umbes kreeka pähkli suuruseks palliks.

f) Vajutage iga pall võiga määritud ahjuplaadile või määrimata küpsetuskivile, et moodustada 4-tollised ringid.

g) Küpsetage eelkuumutatud 175 °C ahjus, kuni servad hakkavad vaevu pruunistuma.

h) Tõsta biskviidiringid kohe ahjust ja küpsetusplaadilt või kivilt jahtuma.

i) Kui see on jahtunud, nautige omatehtud Carbquik Fiber küpsisringe!

51. Lõunakarbi šokolaadiküpsised

KOOSTISOSAD:
- ⅓ tassi magustamata õunakastet
- ⅓ tassi mandlivõid
- ½ tassi kuiva magusainet
- 1 spl jahvatatud linaseemneid
- 2 tl puhast vaniljeekstrakti
- 1⅓ tassi kaerajahu
- ½ tl söögisoodat
- ½ tl soola
- ¼ tassi sorgojahu või täistera kondiitritoodete jahu
- ½ tassi teraga magustatud šokolaaditükke

JUHISED:
a) Kuumuta ahi temperatuurini 350 °F. Vooderda kaks suurt ahjuplaati küpsetuspaberi või Silpati küpsetusmattidega.
b) Vahusta suures segamiskausis tugeva kahvliga õunakaste, mandlivõi, kuiv magusaine ja linaseemned. Kui see on suhteliselt sile, sega hulka vanill.
c) Lisage kaerajahu, sooda ja sool ning segage hästi. Lisa sorgojahu ja šokolaaditükid ning sega korralikult läbi.
d) Tilgutage lusikatäied tainast ettevalmistatud küpsetusplaatidele umbes 1,5 supilusikatäite kaupa, üksteisest umbes 2 tolli kaugusel. Tasandage küpsiseid veidi, et need meenutaksid paksu kettaid (küpsemise ajal ei lähe need üldse laiali). Küpseta 8–10 minutit. Mida kauem neid küpsetate, seda krõbedamad need on.
e) Eemaldage küpsised ahjust ja laske neil 5 minutit lehtedel jahtuda, seejärel tõstke jahutusrestile täielikult jahtuma.

52. Fonio & Moringa kreekerid

KOOSTISOSAD:
KREEKERIDE KOHTA:
- 3/4 tassi Fonio Super-Grain'i, segatud jahuks
- 1 tl Moringa pulbrit
- 1 tass kõrvitsaseemneid
- 3/4 tassi päevalilleseemneid
- 1/2 tassi linaseemneid, terveid seemneid
- 1/2 tassi chia seemneid
- 1/3 tassi gluteenivaba kiirkaera
- 2 spl mooniseemneid
- 1/2 teelusikatäit soola
- 1/2 tl pipart
- 1/4 tl kurkumipulbrit
- 2 spl tšilli oliiviõli või tavalist oliiviõli
- 1/2 tassi vett

JUUSLAAUDA KOHTA:
- Pähklid
- Kuivatatud puuviljad
- Värsked puuviljad
- Vegan juust

JUHISED:
a) Kuumuta ahi 190°-ni. Sega kausis kõik kuivained.
b) Lisa oliiviõli ja vesi ning sega hästi, kuni moodustub tainas.
c) Jagage segu kaheks osaks. Võtke üks pool ja asetage kahe küpsetuspaberi vahele ja rullige tainas lahti, u. 2-3 mm paksune.
d) Lõika soovitud kuju ja tõsta need ahjuplaadile. Korrake samme taigna teise poolega. Küpseta 20-25 minutit või kuni servad on kuldpruunid.
e) Lase 10 min jahtuda. Serveeri puuviljade, pähklite, juustude ja dipikastmetega.

53.No Bake Energy Bites Nutellaga

KOOSTISOSAD:
- 1 tass vanaaegset valtsitud kaera
- ½ tassi krõbedat riisiteravilja või hakitud kookospähklit
- ½ tassi Nutellat
- ¼ tassi maapähklivõid
- ½ tassi jahvatatud linaseemneid
- ⅓ tassi mett
- 1 spl kookosõli
- 1 tl vanilli
- ½ tassi šokolaaditükke

JUHISED:

a) Segage valtsitud kaerahelbed, krõbedad riisiterahelbed, Nutella, maapähklivõi, jahvatatud linaseemned, mesi, vanill, kookosõli ja minišokolaaditükid.

b) Lõika segust väikesed pallid, millest igaüks on umbes 1 supilusikatäis. Aseta pallid küpsetuspaberile.

c) Veeretage need kätega tihedalt pakitud pallideks. Aseta külmkappi tarduma.

54.Õunamustika kreeka pähkli krõbe

KOOSTISOSAD:
TÄITMINE:
- 3 suurt punast või kuldset maitsvat õuna, kooritud ja viilutatud
- 2 spl pakitud pruuni suhkrut
- 2 spl täistera nisujahu
- 1 tl vaniljeekstrakti
- ½ tl jahvatatud kaneeli
- ½ pinti mustikaid (1 tass)

KRÕBE KATTE:
- ¾ tassi kreeka pähkleid, väga peeneks hakitud
- ¼ tassi vanaaegset või kiiresti valmivat kaera
- 2 spl pakitud pruuni suhkrut
- 2 spl täistera nisujahu
- 2 spl jahvatatud linaseemneid
- ½ tl jahvatatud kaneeli
- ⅛ teelusikatäis soola
- 2 spl rapsiõli

JUHISED:

a) Kuumuta ahi 400 °F-ni.

b) Sega õunad, pruun suhkur, jahu, vanill ja kaneel suures kausis ning viska katteks. Viska õrnalt sisse mustikad. Asetage õunasegu 8 x 8-tollisse küpsetusnõusse ja asetage kõrvale.

c) Katte valmistamiseks sega keskmises kausis kreeka pähklid, kaer, pruun suhkur, täistera nisujahu, linaseemned, kaneel ja sool.

d) Lisa rapsiõli ja sega, kuni kuivained on hästi kaetud.

e) Määri kate ühtlaselt puuviljasegule.

f) Küpseta 40–45 minutit või kuni puuviljad on pehmed ja kate on kuldpruun (katke fooliumiga, kui kate pruunistub liiga kiiresti).

55.Berry and Chard Cleanser smuuti

KOOSTISOSAD:
- 3 mangoldi lehte, varred eemaldatud
- ¼ tassi külmutatud jõhvikaid
- Vesi, 1 tass
- jahvatatud linaseemned, 2 spl
- 1 tass vaarikaid
- 2 kivideta Medjool datlit

JUHISED:
a) Aseta kõik komponendid blenderisse ja töötle kuni segu on täiesti ühtlane.

KARDEMOMISEEMNED

56. India Masala Chai Affogato

KOOSTISOSAD:
- 1 lusikas masala chai gelatot või jäätist
- 1 amps chai teed
- purustatud kardemoniseemned
- purustatud pistaatsiapähklid

JUHISED:
a) Aseta serveerimisklaasi kulbitäis masala chai gelato't või jäätist.
b) Valage gelato peale amps chai teed.
c) Puista peale purustatud kardemoniseemneid.
d) Kaunista purustatud pistaatsiapähklitega.
e) Serveeri kohe ja naudi India masala chai soojasid ja aromaatseid maitseid.

57.Chai jäätis

KOOSTISOSAD:
- 2 tähtaniisi tähte
- 10 tervet nelki
- 10 tervet pipart
- 2 kaneelipulka
- 10 tervet valget pipart
- 4 kardemonikauna, avatud seemneteni
- ¼ tassi täidlast musta teed (Tseiloni või Inglise hommikusöök)
- 1 tass piima
- 2 tassi koort (jagatud, 1 tass ja 1 tass)
- ¾ tassi suhkrut
- Näputäis soola
- 6 munakollast (vaadake, kuidas mune eraldada)

JUHISED:

a) Tõsta raskesse kastrulisse 1 tass piima, 1 tass koort ja chai-vürtsid – tähtaniis, nelk, piment, kaneelipulgad, valged pipraterad ja kardemonikaunad ning näputäis soola.
b) Kuumuta segu auravaks (mitte keemiseni) ja katsudes kuumaks. Alandage kuumust soojemaks, katke kaanega ja laske 1 tund seista.
c) Kuumuta segu uuesti kuumaks (taaskord mitte keemiseni), lisa musta tee lehed, tõsta tulelt, sega tee hulka ja lase 15 minutit tõmmata.
d) Kurna tee ja vürtsid välja peene võrguga sõelaga, valades infundeeritud piimakooresegu eraldi kaussi.
e) Tõsta piima-kooresegu tagasi paksupõhjalisse kastrulisse. Lisa suhkur piima-koore segule ja kuumuta segades, kuni suhkur on täielikult lahustunud.
f) Kui tee eelmises etapis tõmbab, valmistage jäävannil ülejäänud 1 tass koort.
g) Vala koor keskmise suurusega metallkaussi ja tõsta jäävette (rohke jääga) suurema kausi kohale. Asetage kausside peale võrgusõel. Kõrvale panema.
h) Vahusta munakollased keskmise suurusega kausis. Kalla kuumutatud piimakooresegu aeglaselt munakollaste hulka, pidevalt vahustades, et munakollased sooja seguga karastuks, kuid mitte küpseks. Kaabi soojendatud munakollased kastrulisse tagasi.
i) Tõsta kastrul tagasi pliidile, sega segu keskmisel kuumusel puulusikaga pidevalt segades, kraapides segades põhja, kuni segu pakseneb ja katab lusika nii, et saad sõrmega üle katte jooksma ja kate ei jookseks. Selleks võib kuluda umbes 10 minutit.
j) Kui see juhtub, tuleks segu koheselt tulelt eemaldada ja valada läbi sõela jäävannile, et küpsemine järgmises etapis peatada.

58. Tee Kombu merevetikahelvestega

KOOSTISOSAD:
- 1-4 tl Kombu helbeid või pulbrit
- 1 liiter külma vett
- 1-4 tl lahtiste lehtedega rohelist teed
- 2 viilu värsket ingverit või galangali juuri
- 1 tl kaneeli
- 2 sidruni- või laimiviilu
- näputäis kardemoniseemneid

JUHISED:
a) Lisa 1,5-liitrisesse kannu külma vette rohelist teed, Kombu ja omal valikul maitseaineid.
b) Lase tõmmata, kuni on kujunenud hea värv. Selleks kulub paar tundi.
c) Kui soovite kuuma jooki, valage pool tassi külma teed keeva veega.

59.Apelsini-kardemoni võikoogid roosiglasuuriga

KOOSTISOSAD:
KOOKIDE JAOKS
- 2 spl täispiima
- 1 ½ tl riivitud apelsinikoort
- ½ tl apelsiniõievett
- ½ vaniljekaun, poolitatud risti
- ½ tassi soolamata võid (4 untsi), toatemperatuuril, pluss veel panni määrimiseks
- 1 tass universaalset jahu (umbes 4 ¼ untsi) ja veel panni jaoks
- 1 tl küpsetuspulbrit
- ¼ tl jahvatatud rohelisi kardemoni seemneid
- ⅛ teelusikatäis koššersoola
- ½ tassi pluss 1 spl granuleeritud suhkrut
- 2 suurt muna, toatemperatuuril

JÄÄSTUSEKS
- 1 ½ tassi tuhksuhkrut (umbes 6 untsi)
- 1 tass soolata võid (8 untsi), pehmendatud
- ½ tl apelsiniõievett
- ½ tl vaniljeekstrakti
- ⅛ tl roosivett
- ½ tassi seemneteta vaarikamoosi
- 1 ½ tl värsket apelsinimahla

TÄIENDAV KOOSTISAINE
- Kuivatatud roosi kroonlehed, kaunistuseks

JUHISED:
TEE KOOKID:

a) Kuumuta ahi temperatuurini 325 ° F. Sega väikeses kausis piim, apelsinikoor ja apelsiniõievesi. Poolita vanillikaun pikuti pooleks ja kraabi vanilliseemned piimasegusse; sega kokku. Lisa vaniljekaun piimasegule; kõrvale panema.

b) Määri 12-tassilise tavalise muffinipanni 8 süvendi põhi ja küljed ohtralt võiga. Puista heldelt jahuga. Kallutage, et katta küljed täielikult, ja koputage ülejääk välja. Kõrvale panema.

c) Klopi keskmises kausis omavahel jahu, küpsetuspulber, kardemon ja sool.

d) Vahusta või ja suhkur suures kausis elektrimikseriga keskmisel kiirusel heledaks ja kohevaks 5–7 minutiks. Lisa võisegule ükshaaval munad, vahustades keskmisel kiirusel, kuni need segunevad.
e) Kui mikser töötab madalal kiirusel, lisa jahusegu võisegule järk-järgult 3 lisandina, vaheldumisi piimaseguga. Vahusta, kuni tainas on ühtlane, umbes 2 minutit.
f) Jaga taigen ühtlaselt 8 ettevalmistatud muffinipanni süvendisse; siledad pealsed nihkelabidaga.
g) Küpsetage 18–20 minutit, kuni koogi keskele torgatud puuots tuleb puhtana välja. Lase 10 minutit pannil jahtuda. Eemaldage pannilt; lase restil täielikult jahtuda, umbes 20 minutit.
h) Eemaldage sakilise nuga abil kookidelt kuplikujulised pealsed ja visake need ära. Pöörake koogid lõikelaual ümber, lõigake küljed allapoole. Poolita koogid risti, moodustades kummalegi 2 kihti.

TEE KARSTE:
i) Vahusta tuhksuhkur ja või keskmises kausis elektrimikseriga keskmisel-suurel kiirusel heledaks ja kohevaks, umbes 5 minutit.
j) Lisage apelsiniõite vett, vaniljeekstrakti ja roosivett; peksid kuni kombineeritakse.
k) Sega vaarikamoos ja apelsinimahl väikeses kausis ühtlaseks massiks.

KOOKIDE KOOSTAMINE:
l) Määri 1 tordi alumisele kihile 2 tl glasuuri. Tõsta peale 1 tl moosisegu ja aseta pealmine koogikiht moosile.
m) Määri koogi välisküljele õhuke glasuur; määri tordi peale 2 tl glasuuri.
n) Määri pealt 1 tl moosiseguga, lastes liigsel õrnalt külgedelt alla tilkuda.
o) Korrake ülejäänud kookidega. Kaunista kuivatatud roosi kroonlehtedega.

KANEPISEEMNED

60.Punase peedi lihapallid

KOOSTISOSAD:
- 15 untsi helepunaseid ube saab
- 2 ½ supilusikatäit ekstra neitsioliiviõli
- 2 ½ untsi Cremini seeni
- 1 punane sibul
- ½ tassi keedetud pruuni riisi
- ¾ tassi peet toores
- 1/3 tassi kanepiseemneid
- 1 tl jahvatatud musta pipart
- ½ tl meresoola
- ½ tl jahvatatud koriandri seemet
- 1 vegan munaasendaja

JUHISED:
a) Kuumuta ahi temperatuurini 375 ° F. Püreesta oad segamisnõus korralikult läbi ja tõsta kõrvale.
b) Kuumuta õli mittenakkuval pannil keskmisel kuumusel.
c) Lisa seened ja sibul ning prae pehmeks, umbes 8 minutit.
d) Tõsta köögiviljasegu ubadega segamisnõusse.
e) Segage riis, peet, kanepiseemned, pipar, sool ja koriander.
f) Lisage vegan munaasendaja ja segage, kuni see on hästi segunenud.
g) Vormi segust neli palli ja aseta pleegitamata küpsetuspaberiga kaetud ahjuplaadile.
h) Tupsutage lihapallide pealmist osa kergelt sõrmeotstega ½ supilusikatäie õliga.
i) Küpseta 1 tund. Pöörake iga lihapalli väga õrnalt ümber ja küpsetage, kuni see on krõbe, kõva ja pruunistunud, veel umbes 20 minutit.

61.Mustika Spirulina Üleöö Kaer

KOOSTISOSAD:
- ½ tassi kaera
- 1 spl hakitud kookospähklit
- ⅛ teelusikatäit kaneeli
- ½ tl spirulinat
- ½ tassi taimset piima
- 1 ½ supilusikatäit taimset jogurtit
- ¼ tassi külmutatud mustikaid
- 1 tl kanepiseemneid
- 1 kiivi, viilutatud

JUHISED:

a) Lisage purki või kaussi kaer, hakitud kookospähkel, kaneel ja spirulina. Seejärel lisa taimne piim ja kookospähkel või naturaalne jogurt.

b) Lisa peale külmutatud mustikad ja kiivi. Hoia külmkapis üleöö või vähemalt tund või rohkem.

c) Enne serveerimist lisa soovi korral kanepiseemneid. Nautige!

62.Virsiku smuutikauss

KOOSTISOSAD:
- 2 tassi virsikuid, külmutatud
- 1 banaan, külmutatud
- 1½ tassi magustamata vanilje mandlipiima
- 1 supilusikatäis kanepiseemneid
- Segatud marjad
- söödavad lilled
- värske virsiku viilud
- värsked ananassi viilud

JUHISED:
- ☑ Lisage kõik koostisosad, välja arvatud söödavad lilled, värsked virsikuviilud ja värsked ananassiviilud, segisti tassi ning blenderdage ühtlaseks massiks, olge ettevaatlik, et mitte üle segada.
- ☑ Kata pealt söödavate lillede, värskete virsikuviilude, värskete ananassiviiludega või mis tahes muu enda valitud lisandiga.

63.Šokolaadikoor Goji marjadega

KOOSTISOSAD:
- 12 untsi šokolaaditükke
- 2,5 supilusikatäit sambla pulbrit
- 1 supilusikatäis kanepiseemneid
- ½ tassi tooreid pähkleid
- 2 supilusikatäit Goji marju
- ½ tl Himaalaja meresoola, valikuline

JUHISED:
a) Koguge koostisained kokku. Valmistage oma koostisained ette, et šokolaadikoort oleks lihtne kokku panna.
b) Võtke suur mikrolaineahjus töötav kauss, lisage šokolaad ja seejärel sulatage šokolaad mikrolaineahjus 30-sekundiliste intervallidega, segades iga intervalli vahel.
c) Kui šokolaad on täielikult sulanud, kandke šokolaad pärgamendiga kaetud plaadile või küpsetusplaadile. Levitage šokolaad spaatliga õhukese, ühtlase, umbes ¼ tolli paksuse kihina.
d) Lisa peale lisandid.
e) Tõsta taldrik külmkappi ja lase šokolaadil taheneda, selleks peaks kuluma umbes 30 minutit.
f) Kui šokolaad on tahenenud, võid selle hammustada suurteks tükkideks.
g) Nautige oma šokolaadi! Hoidke järelejäänud šokolaadikoort õhukindlas anumas külmkapis kuni nädal.

64.Roheline tee ja ingver Smuuti

KOOSTISOSAD:
- 1 Anjou pirn, tükeldatud
- ¼ tassi valgeid rosinaid või kuivatatud mooruspuumarju
- 1 tl värskelt hakitud ingverijuurt
- 1 suur peotäis hakitud rooma salatit
- 1 supilusikatäis kanepiseemneid
- 1 tass magustamata keedetud rohelist teed, jahutatud
- 7 kuni 9 jääkuubikut

JUHISED:

a) Aseta kõik koostisosad peale jää Vitamixi ja töötle ühtlaseks ja kreemjaks.

b) Lisa jää ja töötle uuesti. Joo jahutatult.

MOONISEEMNED

65.Sidruni- ja mooniseemne vahvlid

KOOSTISOSAD:
- 2 tassi universaalset jahu
- 2 supilusikatäit polenta
- 2 supilusikatäit valget suhkrut
- 2 supilusikatäit mooniseemneid
- ¾ teelusikatäit söögisoodat
- ¾ teelusikatäit helvestatud soola
- 2½ tassi petipiima
- 2 suurt muna
- 1 supilusikatäis riivitud sidrunikoort
- 1 tl värsket sidrunimahla
- 1 tl puhast vaniljeekstrakti
- ⅔ tassi taimeõli

JUHISED:
a) Kombineeri kõik kuivained suures segamisnõus; vahusta, kuni see on hästi segunenud. Segage kas suures mõõtetopsis või eraldi segamisnõus ülejäänud koostisosad ja vahustage.
b) Lisa vedelad koostisosad kuivainetele ja vahusta ühtlaseks massiks.
c) Eelsoojenda vahvliküpsetaja soovitud seadistuseni.
d) Valage tila ülaosast läbi napp tassitäis tainast. Kui helin kõlab, on vahvel valmis. Ava ettevaatlikult vahvliküpsetaja ja eemalda küpsenud vahvel.
e) Sulgege vahvliküpsetaja ja korrake ülejäänud taignaga.

66.Carbquik Bialys

KOOSTISOSAD:
- 1 ½ tassi sooja vett, 105 kuni 115 kraadi F
- 1 terve muna, peksmiseks 2 sl veega lahti klopitud
- 1 spl koššersoola puistamiseks
- 5 tl aktiivset kuivpärmi
- 2 tl suhkrut
- 5 ½ tassi Carbquik
- 2 ½ teelusikatäit koššersoola
- ½ tassi veetustatud sibulahelbeid
- 2 spl taimeõli
- 1 ½ supilusikatäit mooniseemneid

JUHISED:

a) Kuumuta oma ahi temperatuurini 450ºF.
b) Vahusta suures kausis soe vesi, pärm ja suhkur. Segage üks tass Carbquik ja sool. Lisa suurem osa ülejäänud Carbquikist ja sega puulusikaga pehmeks massiks. Kui kasutate mikserit, kinnitage taignakonks ja segage 8–10 minutit, lisades vajadusel täiendavalt Carbquiki, et moodustada kindel ja sile tainas. Teise võimalusena võite taigna käsitsi sõtkuda.
c) Kata tainas kaanega ja lase umbes 45–60 minutit puhata. Kuni tainas puhkab, vooderda 2 suurt ahjuplaati küpsetuspaberiga.
d) Asetage kuivatatud sibul kaussi ja lisage kuum vesi, lastes sibulatel 15 minutit leotada. Nõruta sibulad hästi, aseta need kaussi ning lisa õli ja mooniseemned, kui kasutad. Pange see segu kõrvale.
e) Kui tainas on puhanud, suruge see alla ja jagage see kaheks võrdseks osaks. Seejärel jagage kumbki pool kuueks võrdseks tükiks. Lase taigna osadel 10 minutit puhata.
f) Rullige või venitage iga taignaosa 4- või 5-tolliseks ovaaliks või ringiks, olge ettevaatlik, et tainaga mitte üle pingutada. Asetage bialys ettevalmistatud küpsetusplaatidele ja tehke keskele sõrmedega umbes poole dollari suurused süvendid (ärge mine tainast läbi).
g) Pintseldage kergelt iga kaheosa välisperimeetrit munapesuga. Lusikaga umbes 2 tl ettevalmistatud sibulakatte igale bile ja lisage soovi korral kergelt soola.
h) Katke bialys jahuga kaetud rätikuga ja laske neil 30–40 minutit kerkida või kuni need muutuvad paisutuks.
i) Küpseta bialysid, kuni need on kuldpruunid, mis peaks võtma umbes 25–30 minutit. Kui märkate, et bialys pruunistub liiga kiiresti, võite ahju kuumust vähendada 425 kraadini F. Nautige oma värskelt küpsetatud bialys!

67. Carbquik sidrunimuffinid

KOOSTISOSAD:
- 1 terve muna
- 1 tass Carbquik
- 2 supilusikatäit Splendat (või maitse järgi)
- 1 tl riivitud sidrunikoort
- ¼ tassi sidrunimahla
- ⅛ tassi vett
- 1 spl õli
- 1 spl mooniseemneid (valikuline)
- 1 tl küpsetuspulbrit
- Näputäis soola

JUHISED:
a) Eelsoojenda ahi: Kuumuta ahi temperatuurini 400ºF (200ºC). Asetage paberist küpsetustops igasse kuue tavalise suurusega muffinitopsi või määrige ainult muffinitopside põhjad.
b) Sega tainas: klopi muna keskmise suurusega kausis kergelt lahti.
c) Seejärel segage ülejäänud Carbquik, Splenda, riivitud sidrunikoor, sidrunimahl, vesi, õli, mooniseemned (kui kasutate), küpsetuspulber ja näputäis soola. Segage, kuni segu on lihtsalt niisutatud; ära sega üle.
d) Jaga tainas: jaota muffinitainas ühtlaselt ettevalmistatud muffinitopside vahel.
e) Küpsetamine: Küpseta muffineid eelkuumutatud ahjus 15–20 minutit või kuni pealsed on kuldpruunid. Üleküpsemise vältimiseks jälgige neid küpsetusaja lõpus.
f) Kui see on valmis, võta muffinid ahjust välja ja lase neil mõni minut muffinitopsides jahtuda.
g) Tõsta muffinid restile täielikult jahtuma.
h) Nautige omatehtud Carbquik sidrunimuffineid!

SINEPISEEMNED

68. Burekas

KOOSTISOSAD:
- 1 naela / 500 g parima kvaliteediga täisvõine lehttainas
- 1 suur vabapidamisel pekstud muna

RICOTTA TÄIDIS
- ¼ tassi / 60 g kodujuustu
- ¼ tassi / 60 g ricotta juustu
- ⅔ tassi / 90 murendatud fetajuustu
- 2 tl / 10 g soolata võid, sulatatud

PECORINO TÄIDIS
- 3½ spl / 50 g ricotta juustu
- ⅔ tassi / 70 g riivitud laagerdunud pecorino juustu
- ⅓ tassi / 50 g riivitud laagerdunud Cheddari juustu
- 1 porrulauk, lõigatud 2-tollisteks / 5 cm tükkideks, blanšeeritud kuni pehmeks ja peeneks hakitud (¾ tassi / kokku 80 g)
- 1 spl hakitud lamedate lehtedega peterselli
- ½ tl värskelt jahvatatud musta pipart

SEEMNED
- 1 tl nigella seemneid
- 1 tl seesamiseemneid
- 1 tl kollaseid sinepiseemneid
- 1 tl köömneid
- ½ tl tšillihelbeid

JUHISED:
a) Rulli tainas kaheks 12-tolliseks / 30 cm suuruseks ruuduks, millest igaüks on ⅛ tolli / 3 mm paksune. Asetage kondiitriplaadid küpsetuspaberiga kaetud ahjuplaadile – need võivad olla üksteise peal, nende vahel on küpsetuspaberileht – ja jätke 1 tund külmikusse.

b) Asetage iga täidise koostisosade komplekt eraldi kaussi. Sega läbi ja tõsta kõrvale. Sega kõik seemned kausis kokku ja tõsta kõrvale.

c) Lõika iga kondiitrileht 4-tollisteks / 10 cm ruutudeks; kokku peaks saama 18 ruutu. Jaga esimene täidis ühtlaselt poolte ruutude vahel, lusikaga iga ruudu keskele. Pintselda iga ruudu kaks kõrvuti asetsevat serva munaga ja murra ruut pooleks, moodustades kolmnurga. Lükake õhk välja ja suruge küljed tugevalt kokku.

Tahad servad väga hästi vajutada, et need küpsetamise ajal lahti ei avaneks. Korrake ülejäänud tainaruutude ja teise täidisega. Asetage küpsetuspaberiga kaetud ahjuplaadile ja jahutage külmkapis vähemalt 15 minutit, et see tahkuks. Kuumuta ahi temperatuurini 425 °F / 220 °C.

d) Määri iga saia kaks lühikest serva munaga ja kasta need servad seemnesegusse; Piisab vaid väikesest kogusest seemnetest, laiused ⅙ tolli / 2 mm, kuna need on üsna domineerivad. Pintselda iga taina pealmine osa ka munaga, vältides seemneid.

e) Veenduge, et küpsetised oleksid üksteisest umbes 1¼ tolli / 3 cm kaugusel.

f) Küpseta 15–17 minutit, kuni see on kõikjalt kuldpruun. Serveeri soojalt või toatemperatuuril.

g) Kui osa täidisest valgub küpsetamise ajal küpsetiste seest välja, toppige see õrnalt tagasi, kui need on käsitsemiseks piisavalt jahedad.

69. Rabarberi chutney

KOOSTISOSAD:
- 1 kilo rabarberit
- 2 tl Jämedalt riivitud värsket ingverit
- 2 küüslauguküünt
- 1 Jalapeno tšiili, (või rohkem) seemneid ja veene Võtke välja
- 1 tl paprikat
- 1 spl musta sinepiseemneid
- ¼ tassi sõstraid
- 1 tass helepruuni suhkrut
- 1½ tassi lahjat äädikat

JUHISED:
a) Peske rabarber ja lõigake ¼ tolli paksusteks tükkideks. Kui varred on laiad, lõigake need kõigepealt pikuti pooleks või kolmandikuks.
b) Haki riivitud ingver koos küüslaugu ja tšilliga peeneks.
c) Asetage kõik koostisosad mittesöövitavale pannile, laske keema tõusta, seejärel alandage kuumust ja hautage, kuni rabarber on lagunenud ja on moosi tekstuuriga, umbes 30 minutit.
d) Hoida külmkapis klaaspurgis.

70. Marineeritud redis

KOOSTISOSAD:
- 1 hunnik rediseid, lõigatud ja õhukesteks viiludeks
- 1 tass valget äädikat
- ½ tassi vett
- ¼ tassi suhkrut
- 1 spl soola
- 1 tl terveid musta pipra tera
- 1 tl sinepiseemneid
- 1 tl tilliseemneid

JUHISED:
a) Sega potis äädikas, vesi, suhkur, sool, musta pipraterad, sinepiseemned ja tilliseemned.
b) Kuumuta segu keemiseni ja sega, kuni suhkur ja sool lahustuvad.
c) Asetage viilutatud redised steriliseeritud purki.
d) Valage kuum marineerimisvedelik redistele, tagades, et need on täielikult vee all.
e) Lase marineeritud redistel jahtuda toatemperatuurini, seejärel kata ja hoia enne serveerimist vähemalt 24 tundi külmkapis.

71.Sinep Microgreen Dal Curry

KOOSTISOSAD:
- ½ tassi moong dal
- ¼ tassi kõrvitsat
- 2 ½ tassi vett
- Näputäis soola
- ½ tassi riivitud kookospähklit
- 6 šalottsibulat
- 1 küüslauguküünt
- 1 roheline tšilli
- karri lehed
- ¼ teelusikatäit kurkumipulbrit
- ¼ teelusikatäit köömneid
- ½ tassi sinepi mikrorohelist
- 1 supilusikatäit õli
- ¼ teelusikatäit sinepiseemneid
- 2 punast tšillit

JUHISED:
a) Kombineeri kiirkeetjas moong dal, kõrvitsad, sool ja vesi. Pärast kõike põhjalikku segamist küpseta 1 vile.
b) Samal ajal sega segistis riivitud kookospähkel, šalottsibul, küüslauk, roheline tšilli, köömned, 3 või 4 karrilehte ja kurkumipulber.
c) Segage jahvatatud pasta keedetud dal seguga.
d) Keeda dal segu 2 kuni 3 minutit. Nüüd on aeg lisada mikrorohelised.
e) Lase keeda 1 minut, seejärel tõsta tulelt.
f) Lisa pannile sinepiseemned ja punane tšilli.
g) Lisa šalottsibul ja küpseta paar minutit
h) Lisage karastus dal segule.

72.Prosecco sinep

KOOSTISOSAD:
- ¼ tassi kollaseid sinepiseemneid
- ¼ tassi pruunid sinepiseemned
- ½ tassi Prosecco
- ¼ tassi valge veini äädikat
- 1 spl mett
- ½ tl soola

JUHISED:
a) Sega kausis kollased ja pruunid sinepiseemned.
b) Eraldi kausis segage Prosecco, valge veini äädikas, mesi ja sool.
c) Vala Prosecco segu sinepiseemnetele ja sega ühtlaseks.
d) Laske segul seista toatemperatuuril umbes 24 tundi, aeg-ajalt segades.
e) Tõsta segu blenderisse või köögikombaini ja blenderda kuni saavutad soovitud konsistentsi.
f) Hoidke Prosecco sinepit külmkapis õhukindlas anumas.
g) Kasutage seda maitseainena võileibade, burgerite jaoks või dipikastmena kringlite ja suupistete jaoks.

73.Hirss, riis ja granaatõun

KOOSTISOSAD:
- 2 tassi õhukest pohe
- 1 tass paisutatud hirssi või riisi
- 1 tass paksu petipiima
- ½ tassi granaatõuna tükid
- 5-6 karrilehte
- ½ tl sinepiseemneid
- ½ tl köömneid
- ⅛ tl asafoetida
- 5 tl õli
- Suhkur maitse järgi
- Soola maitse järgi
- Värske või kuivatatud kookospähkel - purustatud
- Värsked koriandri lehed

JUHISED:
a) Kuumuta õli ja lisa siis sinepiseemned.
b) Lisage köömneseemned, asafoetida ja karri lehed, kui need hüppavad.
c) Asetage pohe kaussi.
d) Sega õli maitseainesegu, suhkur ja sool.
e) Kui pohe on jahtunud, segage see jogurti, koriandri ja kookospähkliga.
f) Serveeri koriandri ja kookospähkliga.

74.Jõhvika-viigimarja chutney

KOOSTISOSAD:
- 4 tassi jõhvikaid, jämedalt hakitud
- 1 ühetolline ingverijuur, kooritud ja peeneks hakitud
- 1 suur nabaapelsin, neljaks lõigatud ja peeneks hakitud
- 1 väike sibul, peeneks hakitud
- ½ tassi kuivatatud sõstraid
- 5 Kuivatatud viigimarja, peeneks hakitud
- ½ tassi kreeka pähkleid, röstitud ja jämedalt hakitud
- 2 spl sinepiseemneid
- 2 spl siidri äädikat
- ¾ tassi Bourboni või Šoti viskit (valikuline)
- 1½ tassi helepruuni suhkrut
- 2 tl jahvatatud kaneeli
- 1 tl Jahvatatud muskaatpähkel
- ½ tl Jahvatatud nelk
- ½ teelusikatäit soola
- ⅛ teelusikatäis Cayenne'i pipart

JUHISED:
a) Sega 4-liitrises kastrulis jämedalt hakitud jõhvikad, peeneks hakitud ingver, peeneks hakitud nabaapelsin, kuubikuteks lõigatud sibul, kuivatatud sõstrad, tükeldatud kuivatatud viigimarjad, röstitud ja hakitud kreeka pähklid, sinepiseemned, hakitud ingver, siidriäädikas ja viskid. kasutades).
b) Väikeses kausis segage hoolikalt pruun suhkur, kaneel, muskaatpähkel, nelk, sool ja Cayenne'i pipar.
c) Lisa kuivained väikesest kausist koos teiste koostisosadega kastrulisse. Segage, et kõik seguneks.
d) Kuumuta segu keemiseni.
e) Alandage kuumust ja laske chutneyl 25–30 minutit podiseda, segades sageli.
f) Kui see on valmis, laske chutneyl jahtuda ja seejärel külmkapis kuni 2 nädalat. Teise võimalusena võib seda külmutada kuni 1 aasta.
g) Nautige oma maitsvat jõhvika viigimarja Chutneyt!

APTEEGITILLI SEEMNED

75.Tres Lechesi kook apteegitilliseemnetega

KOOSTISOSAD:
KÄVSVIISKOOK:
- 1 ½ tassi universaalset jahu
- 1 spl küpsetuspulbrit
- 1 tl kaneeli
- ½ tl apteegitilli seemet, röstitud ja jahvatatud
- ½ tl koriandri seemet, röstitud ja jahvatatud
- 6 munavalget
- 1 tl soola
- 1½ tassi granuleeritud suhkrut
- 3 munakollast
- 2½ tl vaniljeekstrakti
- ½ tassi piima
- 6 spl piimapulbrit

TRES LECHES SOAK:
- 1 tass täispiima
- 4 spl piimapulbrit, röstitud (reserveeritud rullbiskviidi retsepti järgi)
- 12 untsi võib aurustunud piima
- 14 untsi võib kondenspiima

MATSEREERITUD MARJAD:
- ½ tassi vett
- ½ tassi suhkrut
- Apteegitilli lehed 1 sibulast, jagatud
- 18 untsi teie valitud marju, jagatud pooleks
- 1 spl sidrunimahla

VAHUKOOR:
- 1 tass rasket koort
- ½ tassi granuleeritud suhkrut
- 2 spl petipiima
- Näputäis soola

JUHISED:
KÄVSVIISKOOK:
a) Rösti vürtse 325-kraadises ahjus 8–10 minutit, seejärel jahvata maitseaineveski, uhmri ja nuiaga või blenderiga.
b) Kuumuta ahi 300 kraadini.
c) Lisage kuumakindlale pannile 6 spl piimapulbrit ja asetage see ahju. Segage ja pöörake iga 5 minuti järel, kuni pulber on liivavärvi.
d) Tõsta kuumust 350 kraadini.
e) Vooderda 9x13-tolline koogivorm küpsetuspaberiga; määri pärgament hästi pihusti või õliga.
f) Sõelu jahu, küpsetuspulber, kaneel, apteegitill ja koriander suurde segamisnõusse ning vispelda.
g) Pane munavalged ja sool statsionmikseri kaussi ning sega vispliga keskmisel kiirusel vahuseks. Jätka vahustamist, kuni see muutub kohevaks ja valged hoiavad pehmeid tippe.
h) Puista granuleeritud suhkur aeglaselt jooksvasse mikserisse ja jätka vahustamist, kuni valged moodustavad keskmise tipu.
i) Mikseri töötamise ajal valage ükshaaval sisse munakollased ja seejärel vanill, segades kuni segunemiseni.
j) Vispelda 2 spl röstitud piimapulbrit piima hulka. Pange ülejäänud piimapulber hilisemaks kasutamiseks kõrvale.
k) Eemalda besee segistist ja voldi pool kuivsegust kummilabidaga sisse.
l) Valage pool piimasegust ja jätkake voltimist, pöörates kaussi ja voltides päripäeva keskelt serva poole.
m) Lisa ülejäänud kuivained ja jätka voltimist. Lisa ülejäänud piimasegu ja sega ühtlaseks, jälgides, et mitte üle segada.
n) Aseta tainas ettevalmistatud pannile ja silu spaatliga nurkadesse.
o) Küpseta 10–12 minutit, iga 5 minuti järel pöörates, et tagada ühtlane küpsemine.
p) Eemaldage ahjust, kui kook on ühtlaselt pruunistunud ja servad tõmbuvad vormi küljest veidi eemale.
q) Lase jahtuda toatemperatuurini.

TRES LECHES SOAK:
r) Lisage segistis piim, ülejäänud röstitud piimapulber, aurutatud piim ja kondenspiim. Sega lisamiseks.

s) Vala koogile ja pane leotatud kook serveerimiseni külmkappi.

MATSEREERITUD MARJAD:

t) Aja kastrulis vesi keema, seejärel lisa suhkur. Klopi segamiseks.

u) Lisage helde peotäis erkrohelisi apteegitilli lehti, jättes mõned kaunistuseks. Eemaldage kuumusest ja laske infundeerida, kuni siirup on jahtunud toatemperatuurini.

v) Kurna siirup.

w) Umbes 30 minutit enne serveerimist leotage pooled marjad siirupis ja sidrunimahlas. Ülejäänud marjad jäta kaunistuseks alles.

VAHUKOOR:

x) Lisage vispliga segistis koor, suhkur, petipiim ja sool ning segage keskmise kiirusega, kuni moodustuvad keskmised tipud.

y) Tõsta serveerimiseks külmkappi.

KOOSTAMINE:

z) Lõika Tres Lechesi kook viiludeks. Valage iga viil vahukoorega, seejärel kaunistage värskete marjade, leotatud marjade ja apteegitilli lehtedega.

76.Aeglane röstitud lambaõla

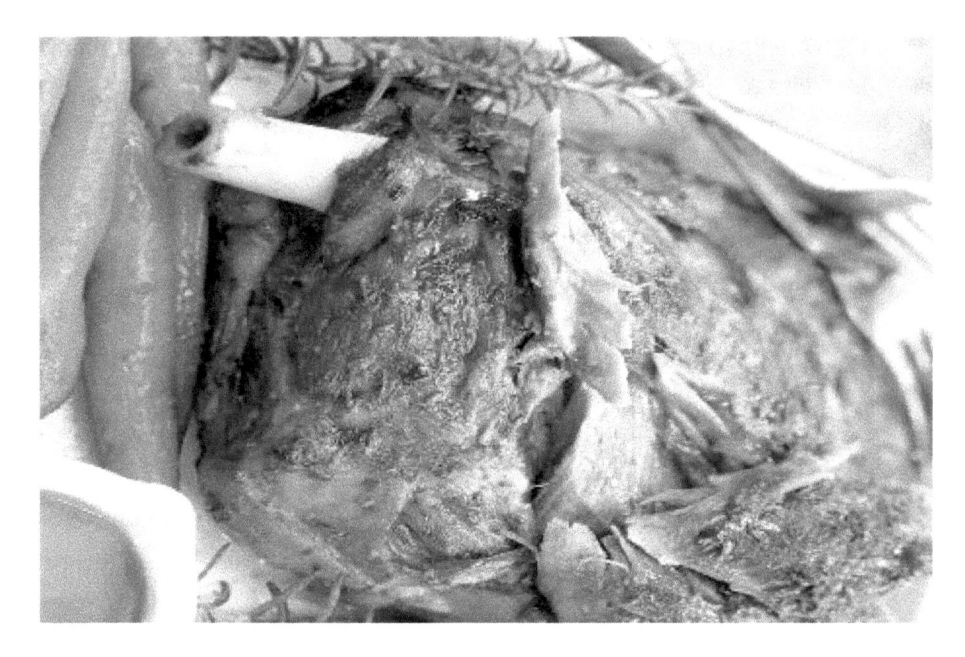

KOOSTISOSAD:
- 2 supilusikatäit apteegitilli seemneid , jahvatatud
- 1 supilusikatäis musta pipra tera , jahvatatud
- 6 rasvast küüslauguküünt, jämedalt hakitud
- 1 spl oliiviõli
- 1 tl soolahelbeid
- 5 naela . lambaõlg, kondiga
- 2 suurt sibulat, viilutatud
- 14 untsi Keskmised porgandid, kooritud
- S alt ja värskelt jahvatatud musta pipart

JUHISED:
a) Pasta valmistamiseks sega köögikombainis küüslauk, oliiviõli ja sool.
b) Asetage lambaliha suurde röstimisvormi ja tehke sellele terava noaga kümneid väikseid sisselõigeid.
c) Tõsta lambalihale lusikaga apteegitilli seemnepastat ja hõõru seda sisselõigetesse hõõrudes nii palju kui võimalik.
d) Tõsta mõneks tunniks külmkappi .
e) Asetage see röstimiseks 2 tunniks puuahju .
f) Laota lambaliha ümber sibulad ja terved porgandid, keerates neid mahlaga, ja pane veel tunniks ahju tagasi, sel hetkel peaks kõik olema väga pehme.
g) Tõsta lambaliha serveerimisalusele ja puista selle ümber köögiviljad, lusikaga pannimahla peale.

77.Kummeli ja apteegitilli tee

KOOSTISOSAD:
- 1 tl kummeliõisi
- 1 tl apteegitilli seemneid
- 1 tl nurmenukku
- 1 tl vahukommi juur, peeneks hakitud
- 1 tl raudrohi

JUHISED:
a) Pane ürdid teekannu.
b) Keeda vesi ja lisa teekannu.
c) Lase 5 minutit tõmmata ja serveeri.
d) Joo 1 kruus infusiooni 3 korda päevas.

KÖÖMNE SEEMNED

78.Talumaja sealiha potipirukas

KOOSTISOSAD:
- 2 sibulat, hakitud
- 2 porgandit, viilutatud
- 1 kapsa pea, tükeldatud
- 3 tassi sealiha, keedetud, tükeldatud
- Soola maitse järgi
- 1 küpsetis 9-tollise piruka jaoks
- ¼ tassi võid või margariini
- 2 kartulit, tükeldatud
- 1 purk kanapuljongit (14 untsi)
- 1 spl Angostura aromaatset kibedat
- Valge pipar maitse järgi
- 2 tl köömneid

JUHISED:
a) Prae sibulad võis kuldseks.
b) Lisa porgand, kartul, kapsas, puljong, sealiha ja mõru; katke ja küpseta, kuni kapsas on pehme, umbes 30 minutit.
c) Maitsesta soola ja valge pipraga maitse järgi.
d) Valmistage tainas, lisades köömneid.
e) Rulli tainas kergelt jahusel laual ⅛-tolliseks paksuseks; lõigake kuue 5-tollise pirukavormi ülemiseks välja kuus 6-tollist ringi.
f) Jaga täidis võrdselt pirukavormide vahel; katta koorega, võimaldades kondiitritoodetel ½ tolli üle panni külgede rippuda.
g) Lõika iga piruka keskele rist; tõmmake kondiitripunktid tagasi, et avada pirukate pealsed.
h) Küpseta eelkuumutatud 400'F juures. ahjus 30–35 minutit või kuni koorik on pruun ja täidis kihisev.

79. Coconut Supergreens & Spirulina supp

KOOSTISOSAD:
- 1 tl apteegitilli seemneid
- 1 tl köömneid
- 2 tolli ingverit, tükeldatud
- 3 küüslauguküünt, hakitud
- 1 suur valge sibul, jämedalt hakitud
- 2 varssellerit, jämedalt hakitud
- 1 pea brokkoli
- 1 kabatšokk/suvikõrvits, tükeldatud
- 1 õun, kooritud ja tükeldatud
- 2 pakitud tassi spinatit
- 3 tassi köögiviljapuljongit
- 1 tl meresoola
- 1 tl pipart
- 2 tl spirulinat
- 1 spl laimimahla

JUHISED:
a) Kuumuta 1 supilusikatäis oliiviõli suures potis keskmisel kuumusel ja lisa köömned ja apteegitilliseemned ning kuumuta, kuni need hakkavad potsatama.
b) Lisa pannile sibul ja küpseta umbes 3 minutit või kuni need on läbipaistvad.
c) Lisage küüslauk ja ingver ning jätkake praadimist 30 sekundit, nii et see lõhnab.
d) Lisa seller ja spargelkapsas, sega, et kõik seguneks, ja küpseta 1 minut enne õuna, kabatšoki, soola, pipra ja köögiviljapuljongi lisamist.
e) Lase puljong keema ja seejärel alanda keema. Hauta umbes 10 minutit või kuni köögiviljad on pehmed.
f) Lisa kookospiim ja lase uuesti keema tõusta.
g) Lisa spinat, sega ja küpseta 1 minut, kuni see on närbunud ja erkroheline.
h) Tõsta tulelt ning sega hulka laimimahl ja spirulina.
i) Tõsta blenderisse ja vahusta kõrgel ühtlaseks massiks! Kõige peale tõsta krutoonid, röstitud kikerherned või kookoshelbed

80.saksa keel Bratwurst

KOOSTISOSAD:
- 4 naela peeneks jahvatatud sealiha tagumik
- 2 naela peeneks jahvatatud vasikaliha
- ½ tl jahvatatud pipart
- 1 tl köömneid
- 1 tl kuivatatud majoraani
- 1½ tl valget pipart
- 3 tl soola
- 1 tass külma vett

JUHISED:

a) Kombineerige kõik koostisosad, segage hästi ja pange uuesti läbi veski peene tera.

b) Toppige sea ümbrisesse.

81. Soolatud köömne- ja rukkikreekerid

KOOSTISOSAD:
- 1 tass tavalist jahu
- 1 tass rukkijahu
- 1 tl tumepruuni suhkrut
- ½ tl küpsetuspulbrit
- ½ tl peent soola
- ¼ tassi võid , kuubik d
- ½ tassi piima
- 1 muna, lahtiklopitud
- 2 spl köömneid, maitse järgi
- S ea soolahelbed

JUHISED:
a) Vahusta segamiskausis omavahel mõlemad jahud, suhkur, küpsetuspulber ja sool.
b) Lisa võikuubikud ja sega, kuni need on täielikult jahusse imendunud;
c) Lisa piim ja sega supilusikaga ühtlaseks taignaks. Mässi kilesse ja lase 30 minutit toatemperatuuril seista.
d) Kui olete küpsetamiseks valmis, puista tööpind ja küpsetusplaat kergelt jahuga.
e) Rulli tainas lahti nii, et see ühtiks võimalikult täpselt küpsetusplaadi vormiga.
f) Torgake kreekerid kahvliga läbi ja lõigake need seejärel sügavalt sisse.
g) Klopi kausis lahti muna ja vahusta kergelt supilusikatäie veega. Pintselda tainas üle, seejärel puista peale köömneid ja ohtralt meresoolahelbeid.
h) Pange puuküttega ahju ja küpsetage 20 minutit umbes 350 ° F juures.
i) Kui kreekerid on jahtunud, tõmmake need mööda poolitusjooni ja serveerige.

NIGELLA SEEMNED/MUSTKÖÖMNE SEEMNED

82.Baklažaanitort kitsejuustuga

KOOSTISOSAD:
- 2 naela baklažaani (umbes 3 väikest baklažaani; 900 g)
- 4 tl koššersoola, jagatud
- Universaalne jahu tolmutamiseks
- 2 lehte külmutatud lehttaigna (1 karp täis), sulatatud
- 4 supilusikatäit ekstra neitsioliiviõli (2 untsi; 60 g)
- Värskelt jahvatatud must pipar
- ½ tassi värsket kitsejuustu (4 untsi; 112 g)
- 2 tassi hakitud Gouda (6 untsi; 168 g)
- 2 tl nigella seemneid
- 4 supilusikatäit mett (2 untsi; 60 g), jagatud
- Värsked ürdid, nagu murulauk või basiilik, kaunistuseks (valikuline)

JUHISED:

a) Lõika baklažaan terava kokanuga või mandoliiniga ¼ tolli paksusteks viiludeks.

b) Viska viilud 1 supilusikatäie (12 g) koššersoolaga ja aseta kausi või kraanikausi kohale asetatud kurn kõrvale. Laske neil nõrguda vähemalt 30 minutit.

c) Reguleerige ahju kaks resti ülemisse ja alumisse-keskmisse asendisse. Kuumuta ahi temperatuurini 400 °F (200 °C).

d) Vooderda kolm ääristatud poollehtplaati küpsetuspaberiga. Samuti lõigake pärgamendileht ja asetage see kõrvale.

e) Tõsta kergelt jahusel pinnal üksteise peale sulatatud lehttaignalehed.

f) Rulli tainas lahti, kuni see on täpselt nii suur, et see mahutaks poolele lehele, umbes 11 x 15 tolli. Kasutage piisavalt jahu, et vältida kleepumist.

g) Rulli tainas taignarullile, et see üle kanda, seejärel rulli see lahti pärgamendiga kaetud ahjuplaadile. Asetage peale täiendav pärgamendileht.

h) Selleks ajaks oleks baklažaan liigse vedeliku välja lasknud. Loputage baklažaaniviilud külma vee all, et eemaldada ülejäänud sool, ja kuivatage need puhta köögirätiku või paberrätikuga. Laota baklažaaniviilud kahele ülejäänud vooderdatud ahjuplaadile.

Maitsesta neid ekstra neitsioliiviõli, musta pipra ja ülejäänud koššersoolaga.

i) Asetage üks baklažaani küpsetusplaat lehttaigna peale, et see küpsetamise ajal kaaluks. Küpsetage kõiki kolme plaati eelkuumutatud ahjus umbes 20 minutit, 10 minuti pärast panne üks kord pöörates. Selle aja jooksul muutub baklažaan pehmeks ja küpsetis muutub kõvaks, kuid ei tohiks värvuda.

KOKKU KOKKUVÕTE TART:

j) Pärast esimest küpsetamist eemaldage plaadid ahjust. Tõstke ahju temperatuuri 500 °F-ni (260 °C). Kasutage nihkelabidat, et määrida kitsejuust ühtlaselt lehttaignale. Puista kitsejuustu peale rebitud Gouda ja nigella seemneid.

k) Asetage osaliselt küpsenud baklažaaniviilud hapu katmiseks. Nirista baklažaanidele ühtlaselt 2 supilusikatäit (30 g) mett.

l) Tõsta tort tagasi ahju ja küpseta veel 15 minutit või kuni küpsetis on sügavpruun ja läbini krõbe.

m) Viimistle hapukas, nirista sellele järelejäänud mett. Soovi korral kaunista värskete ürtidega, nagu murulauk või basiilik. Lõika tort soovitud suurusteks portsjoniteks ja serveeri kohe.

n) Nautige seda maitsvat baklažaanitorti kitsejuustu ja meega mõnusa eelroana või pearoana.

83. Kanaskoonid

KOOSTISOSAD:
PÖÖGIDE KOHTA:
- 225g isekerkivat jahu, millele lisandub tolmutamine
- 1 tl küpsetuspulbrit
- 140g külma võid väikesteks tükkideks hakituna
- 150 ml piima
- 1 spl nigella seemneid
- 1 muna, lahtiklopitud

TÄIDISEKS:
- 3 keedetud kanarinda, peeneks hakitud või hakitud
- 100 g mango chutney
- 2 tl mahedat karripulbrit
- 150 g naturaalset jogurtit
- 75 g majoneesi
- Väike hunnik koriandrit, hakitud
- Väike hunnik piparmünt, hakitud
- ½ sidruni mahl
- ½ kurki, kooritud paeladeks
- 1 väike punane sibul, õhukeselt viilutatud

JUHISED:
PÖÖGIDE KOHTA:
a) Vooderda küpsetusplaat küpsetuspaberiga ja eelsoojenda ahi temperatuurini 220°C/200°C ventilaator/gaas 7.
b) Sega suures kausis isekerkiv jahu, küpsetuspulber ja ¼ tl soola. Lisa külm tükeldatud või ja hõõru seda sõrmeotstega jahu hulka, kuni segu meenutab peent riivsaia.
c) Lisa piim ja nigellaseemned, seejärel sega koostisosad söögiriistade noaga, kuni need moodustavad pehme taigna.
d) Kallutage tainas oma tööpinnale ja sõtke lühidalt, et lisada lahtine puru. Puista pind korralikult jahuga ja rulli tainas umbes 1½ cm paksuseks. Kasutage 7 cm küpsiselõikurit, et tembeldada välja 12 ringi. Kõigi 12 skooni valmistamiseks peate võib-olla tükid kokku panema ja uuesti rullima.

e) Laota skoonid ahjuplaatidele, pintselda pealt lahtiklopitud munaga ja küpseta 10-12 minutit või kuni need on kuldpruunid. Tõsta need täidise valmistamise ajaks kõrvale jahtuma.

TÄIDISEKS:

f) Sega kausis tükeldatud või tükeldatud kana, mango chutney, mahe karripulber, naturaalne jogurt, majonees, hakitud ürdid, sidrunimahl ja maitsesta. Jahutage seda segu, kuni olete skoonide kokkupanemiseks valmis.

KOOSTAMA:

g) Serveerimiseks lõika skoonid pooleks ja valmista kroonikana, kurgipaelte ja õhukeselt viilutatud punase sibulaga võileivad.

h) Soovi korral kasuta skoonide kooshoidmiseks vardasid.

84.Tikur Azmud vürtsisegu (mustköömne segu)

KOOSTISOSAD:

- 2 spl mustköömne seemneid (Tikur Azmud)
- 1 spl koriandri seemneid
- ½ tl kardemoniseemneid
- ½ tl lambaläätse seemneid
- ½ tl sinepiseemneid
- ½ tl nigella seemneid (kalonji)
- ½ tl jahvatatud kaneeli
- ½ tl jahvatatud nelki
- ½ tl jahvatatud pipart

JUHISED:

a) Kuival pannil röstige kergelt köömneid, koriandriseemneid, kardemoniseemneid, lambaläätseseemneid, sinepiseemneid ja nigellaseemneid, kuni need muutuvad lõhnavaks. Olge ettevaatlik, et mitte neid põletada.

b) Laske röstitud seemnetel jahtuda ja jahvatage need seejärel vürtsiveski või uhmri ja nuia abil peeneks pulbriks.

c) Sega kausis jahvatatud vürtsisegu jahvatatud kaneeli, nelgi ja pipraga.

d) Hoidke Tikur Azmudi vürtsisegu õhukindlas anumas jahedas ja pimedas kohas.

85.Roheline Matcha kanakarri laimiga

KOOSTISOSAD:
- 2 spl koriandrit, seemned pluss 1 suur hunnik, tükeldatud
- 1 spl köömneid, seemneid
- 1 ½ teelusikatäit, roheline tee
- 1 näputäis värskelt riivitud muskaatpähklit
- 6 küüslauguküünt, hakitud
- 5 šalottsibul, hakitud
- 8 Tšillipipar, roheline, seemnetest puhastatud ja tükeldatud
- 125 g Galangal, tükeldatud
- 2 sidrunheina vart, välimised lehed eemaldatud, sisemised varred tükeldatud
- 4 Kaffir Laimi lehte, tükeldatud
- 2 Krevetipasta supilusikatäit
- 1 Laim, mahl
- 4 spl maapähkliõli
- 2 nahata kanarinda, viilutatud
- 400 ml Kanapuljong
- 400 ml kookospiima
- 250 g Mangetouti, jämedalt viilutatud
- 4 väikest Bok Choy'd, jämedalt tükeldatud
- soola
- Must pipar, värskelt jahvatatud
- Koriandri oksad
- 2 laimi, lõigatud viiludeks
- 1 supilusikatäis purustatud musta pipart

JUHISED:
a) Kuidas teha vürtsikat rohelist matcha kanakarrit laimiga
b) Rösti koriandrit ja köömneid kuival praepannil keskmisel kuumusel, kuni need muutuvad aromaatseks.
c) Kallake vürtside veskisse, lisage matcha pulber ja kuumutage peeneks ja pulbriliseks.
d) Kallutage see blenderisse või köögikombaini.
e) Lisa muskaatpähkel, küüslauk, šalottsibul, koriander, tšilli, galangal, sidrunhein, kaffir, laimilehed, krevetipasta ja laimimahl.
f) Blenderda kõrgel massil ühtlaseks ja pastataoliseks.

g) Kuumuta 2 spl õli suures vokkpannil mõõdukal kuumusel.
h) Maitsesta kana soola ja pipraga enne vokkpannile lisamist ja segades praadimist kuldseks, umbes 3-4 minutit.
i) Tõsta taldrikule.
j) Lisage järelejäänud õli ja seejärel pasta, praadides, kuni see hakkab sageli tumenema, umbes 4-5 minutit.
k) Klopi juurde puljong ja kookospiim ning lase keema tõusta.
l) Asetage kana kastmesse, katke see osaliselt kaanega ja küpseta madalal kuumusel, kuni see on küpsenud umbes 6-8 minutit.
m) Lisa mangetout ja pak choi karrile ning küpseta veel 3–4 minutit, kuni need on pehmed.
n) Maitsesta karri maitse järgi soola ja pipraga.
o) Serveeri vokkpannilt võetud rohelist matcha-kana karrit koriandri okste, laimiviilude ja purustatud musta pipra teradega.

PAPAYA SEEMNE

86.Papaia seemne salsa

KOOSTISOSAD:
- 1 tass kuubikuteks lõigatud küps papaia
- 2 spl hakitud punast sibulat
- 1 jalapeño pipar, seemnetest puhastatud ja hakitud
- 2 supilusikatäit hakitud värsket koriandrit
- 1 laimi mahl
- Soola maitse järgi
- 1 spl papaia seemneid

JUHISED:
a) Sega kausis kuubikuteks lõigatud papaia, hakitud punane sibul, hakitud jalapeño pipar, hakitud koriander ja laimimahl.
b) Lisa papaia seemned ja sega hästi.
c) Maitsesta maitse järgi soolaga.
d) Lase salsal vähemalt 15 minutit seista, et maitsed sulaksid.
e) Serveeri tortillakrõpsude, grillkala või tacodega.

87.Papaiaseemne smuuti

KOOSTISOSAD:
- 1 küps banaan
- 1 tass tükeldatud papaia
- 1/2 tassi ananassi tükke
- 1/2 tassi spinati lehti
- 1/2 tassi kookosvett või mandlipiima
- 1 spl papaia seemneid
- Mesi või vahtrasiirup (valikuline, magususe saamiseks)

JUHISED:
a) Sega segistis küps banaan, tükeldatud papaia, ananassitükid, spinatilehed, kookosvesi või mandlipiim ja papaiaseemned.
b) Blenderda ühtlaseks ja kreemjaks.
c) Maitse ja lisa magususe saamiseks soovi korral mett või vahtrasiirupit.
d) Vala klaasidesse ja naudi kohe värskendava ja toitva smuutina.

88.Papaia seemnete kastmine

KOOSTISOSAD:
- ¼ tassi papaia seemneid
- ¼ tassi oliiviõli
- 2 spl valge veini äädikat
- 1 spl mett
- 1 tl Dijoni sinepit
- Sool ja pipar maitse järgi

JUHISED:
a) Sega segistis või köögikombainis papaiaseemned, oliiviõli, valge veini äädikas, mesi, Dijoni sinep, sool ja pipar.
b) Segage, kuni kaste on ühtlane ja papaiaseemned on hästi segunenud.
c) Maitse ja vajadusel kohanda maitseainet.
d) Tõsta papaiaseemnete kaste tihedalt suletava kaanega pudelisse või purki.
e) Enne kasutamist loksutage korralikult.
f) Nirista kaste salatitele või kasuta seda grill-liha või köögiviljade marinaadina.

SEEMNED

89. Thandai Tres Leches

KOOSTISOSAD:
THANDAI PULBRITE KOHTA:
- 2 supilusikatäit mandleid
- 1 supilusikatäis india pähkleid
- ¼ tl musta pipart
- ½ supilusikatäit apteegitilli seemneid
- ½ supilusikatäit mooniseemneid
- ½ supilusikatäit meloniseemneid
- 8-10 kardemonikauna
- ½ supilusikatäit kuivatatud roosi kroonlehti
- 8-10 safrani kiudu

KÄSNA KOHTA:
- 1 + ½ tassi universaalset jahu
- 1 tl küpsetuspulbrit
- 1 tass jogurtit
- ½ tl söögisoodat
- ¾ tassi tuhksuhkrut
- ½ tassi taimeõli
- 1 tl vaniljeekstrakti
- 2 supilusikatäit thandai pulbrit

PIIMASEGU KOHTA:
- 1½ tassi piima
- ½ tassi kondenspiima
- ¾ tassi vahukoort
- 7-8 safrani kiudu
- 2 supilusikatäit thandai siirupit

GARNISEERIMISEKS:
- Vahukoor
- Safrani kiud
- Kuldne leht
- Kuivatatud roosi kroonlehed

JUHISED:

THANDAI PULBER:

a) Sega köögikombainis kokku mandlid, india pähklid, musta pipraterad, apteegitilli seemned, mooniseemned, meloniseemned, kardemonikaunad, kuivatatud roosi kroonlehed ja safranikiud. Blits peeneks pulbriks. Kõrvale panema.
b) Kuumuta ahi 180°C-ni. Vooderda 9-tolline kandiline pann mõlemalt poolt küpsetuspaberiga.

ETTEVALMISTADA KÄSNS:

c) Sega kausis jogurt ja puista peale söögisoodat. Lase vahutada.
d) Lisa samasse kaussi tuhksuhkur ja sega korralikult läbi.
e) Aseta kaussi peale sõel ning lisa universaalne jahu ja küpsetuspulber. Sega hästi.
f) Lisa taignale vanilliekstrakt ja thandai pulber. Segage, kuni see on hästi segunenud.
g) Vala tainas ettevalmistatud vormi ja küpseta 180°C juures 20-25 minutit või kuni sissetorgatud varras tuleb puhtana välja.

PIIMASEGU:

h) Valage mõõtekannu või keeduklaasi sooja piima.
i) Lisa safranikiud, vahukoor, kondenspiim ja thandai siirup. Sega hästi.

LEOTA KOOK:

j) Kui kook on küpsetatud, torgake see kahvliga läbi.
k) Valage piimasegu kolmeks osaks, laske sellel vaheaegade vahel korralikult imbuda. Nõuetekohase imendumise tagamiseks kallutage panni.
l) Jätke serveerimiseks veidi piimasegu.
m) Hoia külmkapis 8 tundi või üleöö.
n) Enne serveerimist vala pinnale vahukoor.
o) Kaunista vahukoore, kuivatatud roosi kroonlehtede, safrani kiudude ja kuldlehtedega.
p) Viiluta kook ruutudeks ja aseta taldrikule.
q) Serveerimisel kalla üle jäänud piimasegu koogile.
r) Nautige!

90.Marineeritud redis

KOOSTISOSAD:
- 1 hunnik rediseid, lõigatud ja õhukesteks viiludeks
- 1 tass valget äädikat
- ½ tassi vett
- ¼ tassi suhkrut
- 1 spl soola
- 1 tl terveid musta pipra tera
- 1 tl sinepiseemneid
- 1 tl tilliseemneid

JUHISED:
f) Sega potis äädikas, vesi, suhkur, sool, musta pipraterad, sinepiseemned ja tilliseemned.
g) Kuumuta segu keemiseni ja sega, kuni suhkur ja sool lahustuvad.
h) Asetage viilutatud redised steriliseeritud purki.
i) Valage kuum marineerimisvedelik redistele, tagades, et need on täielikult vee all.
j) Lase marineeritud redistel jahtuda toatemperatuurini, seejärel kata ja hoia enne serveerimist vähemalt 24 tundi külmkapis.

91.Kõrvitsa karri vürtsikate seemnetega

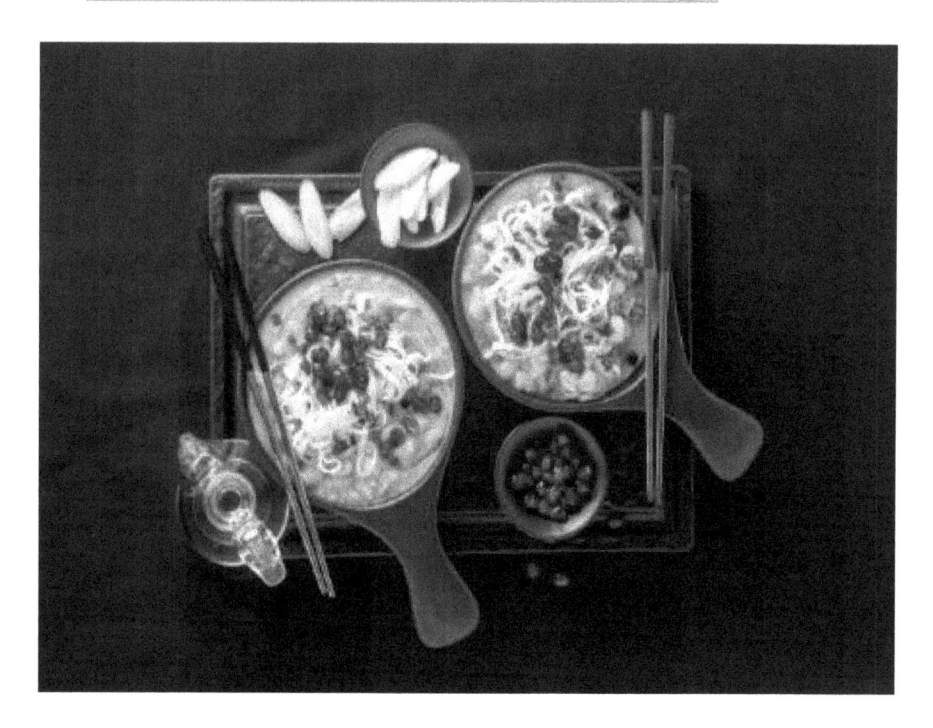

KOOSTISOSAD:
- 3 tassi kõrvitsat – hakitud 1-2 cm tükkideks
- 2 supilusikatäit õli
- ½ supilusikatäit sinepiseemneid
- ½ supilusikatäit köömneid
- Näpista asafetida
- 5-6 karrilehte
- ¼ supilusikatäit lambaläätse seemneid
- ¼ supilusikatäit apteegitilli seemneid
- ½ supilusikatäit riivitud ingverit
- 1 supilusikatäis tamarindipastat
- 2 supilusikatäit - kuiv, jahvatatud kookospähkel
- 2 supilusikatäit röstitud jahvatatud maapähklit
- Sool ja fariinsuhkur või jaggery maitse järgi
- Värsked koriandri lehed

JUHISED:
a) Kuumuta õli ja lisa sinepiseemned. Kui need paistavad, lisage köömned, lambalääts, asafetida, ingver, karrilehed ja apteegitill. Küpseta 30 sekundit.
b) Lisa kõrvits ja sool. Lisage tamarindipasta või vesi koos viljalihaga. Lisa jaggery või fariinsuhkur. Lisa jahvatatud kookos- ja maapähklipulber. Küpseta veel paar minutit. Lisa värskelt hakitud koriander.

92.Kapsa ja granaatõuna salat

KOOSTISOSAD:
- 1 tass kapsast - riivitud
- ½ granaatõuna, seemned eemaldatud
- ¼ supilusikatäit sinepiseemneid
- ¼ supilusikatäit köömneid
- 4-5 karrilehte
- Näpista asafoetida
- 1 spl õli
- Sool ja suhkur maitse järgi
- Sidrunimahl maitse järgi
- Värsked koriandri lehed

JUHISED:
a) Kombineeri granaatõun ja kapsas.
b) Kuumuta sinepiseemned pannil koos õliga.
c) Lisa pannile köömneseemned, karrilehed ja asafoetida.
d) Kombineeri vürtsisegu kapsaga.
e) Lisa suhkur, sool ja sidrunimahl ning sega korralikult läbi. Serveeri koriandriga kaunistatult.

93.Porgandi ja granaatõuna salat

KOOSTISOSAD:
- 2 porgandit - riivitud
- ½ granaatõuna, seemned eemaldatud
- ¼ supilusikatäit sinepiseemneid
- ¼ supilusikatäit köömneid
- 4-5 karrilehte
- Näpista asafoetida
- 1 spl õli
- Sool ja suhkur maitse järgi
- Sidrunimahl - maitse järgi
- Värsked koriandri lehed

JUHISED:
a) Kombineeri granaatõun ja porgand.
b) Kuumuta sinepiseemned pannil koos õliga.
c) Lisa köömned, karrilehed ja asafoetida.
d) Kombineeri vürtsisegu porgandiga.
e) Lisa suhkur, sool ja sidrunimahl.
f) Serveeri koriandriga kaunistatult.

94. Tee Masala Spice

KOOSTISOSAD:
- 1 kaneelipulk
- 5-6 tervet nelki
- 5-6 tervet kardemonikauna
- 1-tolline tükk värsket ingverit, riivitud
- 1 tl musta pipra tera
- 1 tl apteegitilli seemneid
- 1 tl koriandri seemneid
- 1 tl köömneid

JUHISED:
a) Kuivalt rösti pannil kaneelipulk, nelk, kardemonikaunad, musta pipraterad, apteegitilli seemned, koriandri seemned ja köömned madalal kuumusel, kuni need muutuvad lõhnavaks.
b) Tõsta tulelt ja lase vürtsidel jahtuda.
c) Jahvata röstitud vürtsid vürtsiveskis või uhmris ja nuia peeneks.
d) Hoidke Kenya Tea Masala õhukindlas anumas.
e) Kasutamiseks lisage teele näpuotsatäis või kaks teemasalat, samal ajal valmistades lõhnavat ja vürtsikat maitset.

95.Maitsestatud tšilli kikerherned

KOOSTISOSAD:
- 3 tassi keedetud kikerherned
- 1 spl oliiviõli
- 2 tl köömneid
- 2 tl nigella seemneid
- 2 tl tšillihelbeid, maitse järgi
- S ea soolahelbed

JUHISED:
a) Valage väikesele röstimisplaadile ühe kihina nõrutatud ja pestud kikerherned.
b) Nirista peale õli ja puista peale köömned, nigella ja tšillihelbed. Lisa segamiseks näpuotsatäis meresoolahelbeid.
c) Asetage pann kuuma puuahju ja röstige kikerherneid umbes 30 minutit, raputades neid aeg-ajalt, et need seguneksid, et tagada võrdne küpsemine .
d) Need peaksid olema karge ja rikkaliku kuldpruuni värvi. Enne serveerimisnõusse viimist laske sellel veidi jahtuda.

96.Jõhvika- ja pähklikreekerid

KOOSTISOSAD:
- 1 tass universaalset jahu
- 2 supilusikatäit pruuni suhkrut
- ¾ tassi tükeldatud jõhvikat
- ½ tassi pekanipähklit
- ½ tassi kõrvitsaseemneid
- 2 tl chia seemneid
- 2 tl seesamiseemneid
- 1 tl peeneks hakitud värsket rosmariini
- ½ tl apelsini koort
- 1 tl söögisoodat
- ½ tl soola
- 1 tass piima
- Jäme sool (katteks)

JUHISED:
a) Kuumuta ahi temperatuurini 350 ° F (180 ° C).
b) Sega suures kausis kõik koostisosad peale piima. Kui kõik on segunenud, lisa taigna saamiseks piim.
c) Määri minisaiavormid küpsetusspreiga ja täitke need taignaga, täites iga panni umbes kahe kolmandiku ulatuses.
d) Küpseta 25-40 minutit või kuni kreekerid muutuvad tahkeks. Täpne küpsetusaeg võib olenevalt teie leivavormide suurusest erineda. Minu minivormide küpsetamine võttis umbes 30 minutit.
e) Lase küpsenud pätsidel 10-15 minutit jahtuda, seejärel tõsta need 30-60 minutiks sügavkülma. Teise võimalusena võite lasta neil toatemperatuuril jahtuda, kuigi selleks võib kuluda mitu tundi.
f) Kui pätsid on täielikult jahtunud, eelsoojendage ahi temperatuurini 325 °F (160 °C) ja eemaldage küpsetatud pätsid ettevaatlikult leivavormidest.
g) Lõika iga päts terava sakilise noaga õhukesteks, umbes ⅛ paksusteks viiludeks.
h) Asetage viilutatud kreekerid vooderdatud pannile seatud traatküpsetusrestile ja puistake või jahvatage peale jämedat soola.
i) Küpseta 25-30 minutit.
j) Laske kreekeritel jahtuda; jahtudes krõbeduvad nad jätkuvalt.

97.Godiva ja mandli šokolaadikoor

KOOSTISOSAD:
- 8 untsi Godiva tumedat šokolaadi, peeneks hakitud
- ½ tassi röstitud mandleid, jämedalt hakitud
- ¼ tassi segatud seemneid (nt kõrvitsaseemned, päevalilleseemned, chia seemned)
- Näputäis helbelist meresoola (valikuline, kaunistamiseks)

JUHISED:
a) Vooderda ahjuplaat küpsetuspaberi või silikoonist küpsetusmatiga. Veenduge, et see mahuks teie külmikusse või sügavkülmikusse.
b) Aseta peeneks hakitud Godiva tume šokolaad (või tumeda šokolaadi laastud) mikrolaineahjus kasutatavasse kaussi. Küpseta mikrolaineahjus 20-30 sekundiliste intervallidega, iga kord segades, kuni šokolaad on täielikult sulanud ja ühtlane. Teise võimalusena võite šokolaadi sulatada pliidiplaadil oleva topeltboileri abil.
c) Vala sulatatud tume šokolaad ettevalmistatud ahjuplaadile. Kasutage spaatlit või lusika tagaosa, et jaotada see ühtlaselt ristkülikuks või ruudukujuliseks, umbes ¼ kuni ½ tolli paksuseks.
d) Puista hakitud röstitud mandlid ja segatud seemned ühtlaselt sulašokolaadile, kuni see on veel pehme. Suruge need õrnalt šokolaadi sisse, et need kinnituksid.
e) Soovi korral puista šokolaadikoore peale näpuotsatäis helbelist meresoola. See lisab šokolaadi magususele meeldiva kontrasti.
f) Asetage küpsetusplaat külmkappi või sügavkülma, et šokolaadikoor hanguks. Külmkapis kulub umbes 30 minutit kuni 1 tund või sügavkülmas umbes 15-30 minutit.
g) Kui šokolaadikoor on täielikult tahenenud, eemaldage see külmkapist või sügavkülmast.
h) Kasutage oma käsi või nuga, et murda see ebakorrapärasteks tükkideks või kildudeks.

98.Squash Goji kausid

KOOSTISOSAD:
- 2 keskmist tõrukõrvitsat
- 4 tl kookosõli
- 1 spl vahtrasiirupit või fariinsuhkrut
- 1 tl garam masala
- Peen meresool
- 2 tassi tavalist kreeka jogurtit
- Granola
- Goji marjad
- Granaatõuna arilid
- Tükeldatud pekanipähklid
- Röstitud kõrvitsaseemned
- Pähklivõi
- Kanepiseemned

JUHISED:
a) Kuumuta ahi temperatuurini 375 ° F.
b) Lõika kõrvits varrest alla pooleks. Koorige seemned välja ja visake ära. Pintselda mõlema poole viljaliha õli ja vahtrasiirupiga ning puista peale garam masala ja näpuotsatäis meresoola. Asetage kõrvits ääristatud küpsetusplaadile lõikepool allapoole. Küpseta pehmeks, 35–40 minutit.
c) Pöörake kõrvits ümber ja jahutage veidi.
d) Serveerimiseks täitke iga kõrvitsapool jogurti ja granolaga. Tõsta peale goji marju, granaatõunaarilli, pekanipähklit ja kõrvitsaseemneid, nirista peale pähklivõid ja puista üle kanepiseemnetega.

99.Supertoidu jogurtikauss

KOOSTISOSAD:
- 1 tass Kreeka jogurtit
- 1 tl kakaopulbrit
- ½ tl vanilli
- Granaatõuna seemned
- Kanepiseemned
- Chia seemned
- Goji marjad
- Mustikad

JUHISED:
a) Sega kõik koostisosad kausis kokku.

100.Kiivi papaia kausid

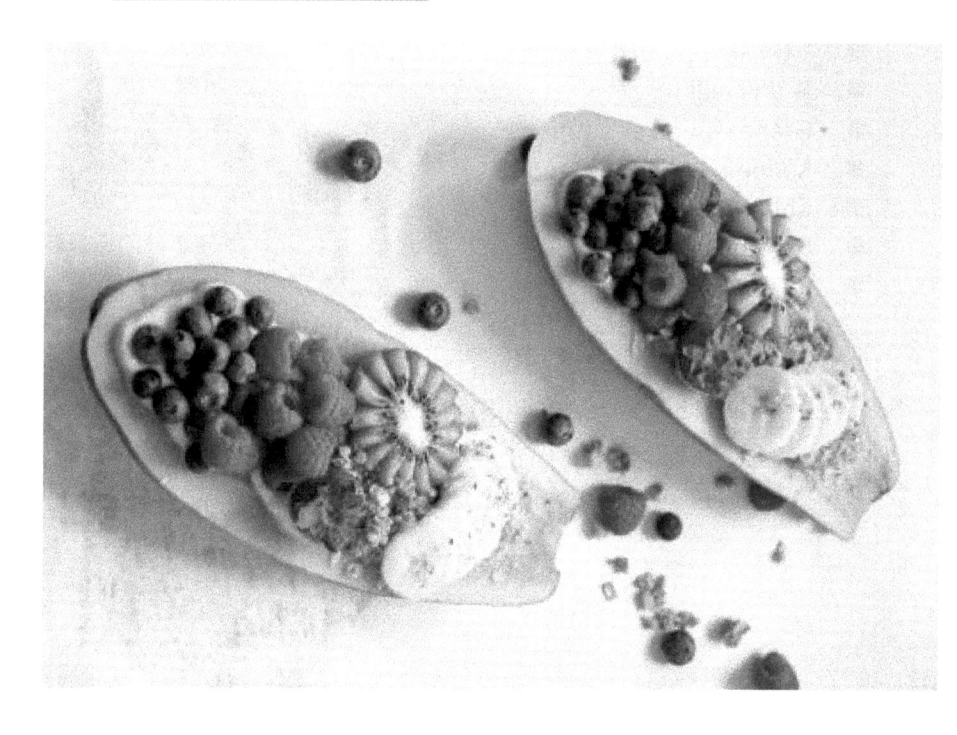

KOOSTISOSAD:
- 4 spl amaranti, jagatud
- 2 väikest küpset papaiat
- 2 tassi kookosjogurtit
- 2 kiivit, kooritud ja kuubikuteks lõigatud
- 1 suur roosa greip, kooritud ja segmenteeritud
- 1 suur nabaapelsin, kooritud ja segmenteeritud
- Kanepiseemned
- Mustad seesamiseemned

JUHISED:
a) Kuumuta kõrget laia kastrulit keskmisel-kõrgel kuumusel mitu minutit.
b) Kontrollige, kas pann on piisavalt kuum, lisades paar tera amaranti.
c) Need peaksid värisema ja hüppama mõne sekundi jooksul. Kui ei, siis kuumuta panni minut kauem ja katseta uuesti. Kui pann on piisavalt kuum, lisa 1 spl amaranti.
d) Terad peaksid hakkama hüppama mõne sekundi jooksul.
e) Kata pott kaanega ja raputa aeg-ajalt, kuni kõik terad on paisunud. Valage potsatatud amarant kaussi ja korrake ülejäänud amarandiga, 1 supilusikatäis korraga.
f) Lõika papaiad pikuti pooleks, varrest sabani, seejärel eemalda ja visake seemned ära. Täida kumbki pool poputatud amarandi ja kookosjogurtiga.
g) Tõsta peale kiivi-, greibi- ja apelsinitükid ning puista peale kanepi- ja seesamiseemneid.

KOKKUVÕTE

"ÜLIMIS SEEMNE KOKAPAAMATiga" jättes hüvasti, teeme seda südamega, täis tänulikkust kogetud maitsete, loodud mälestuste ja teekonnal jagatud kulinaarsete seikluste eest. 100 retsepti kaudu, mis tähistasid seemnete mitmekesisust ja mitmekülgsust, oleme uurinud nende pisikeste, kuid võimsate koostisosade uskumatut potentsiaali, avastades selle käigus uusi maitseid, tekstuure ja tehnikaid.

Kuid meie teekond ei lõpe siin. Kui me naaseme oma köökide juurde, olles relvastatud uue inspiratsiooni ja seemnete tunnustamisega, jätkakem katsetamist, uuenduste tegemist ja loomist. Ükskõik, kas teeme süüa endale, oma lähedastele või külalistele, olgu selle kokaraamatu retseptid rõõmu ja rahulolu allikaks aastateks.

Ning kui me naudime iga maitsvat suutäit seemnetest rikastatud headusest, meenutagem lihtsaid naudinguid heast toidust, heast seltskonnast ja kokkamisrõõmust. Täname, et liitusite meiega sellel maitsval teekonnal läbi seemnete maailma. Olgu teie köök alati täis seemnete tervislikku headust ja olgu iga teie loodud roog tervise, maitse ja loovuse pidu.